Jorge Bergoglio

PAPA FRANCESCO

IL NUOVO PAPA SI RACCONTA

Conversazione con
Francesca Ambrogetti e Sergio Rubin

Salani Editore

Titolo dell'originale
EL PAPA FRANCISCO: CONVERSACIONES CON JORGE BERGOGLIO
(formerly titled EL JESUITA)

ISBN 978-88-6715-792-1

Traduzione di
Gualtiero De Marinis, Claudia Marseguerra,
Marina Martinotti, Maria Nicola

Prima edizione: marzo 2013
Nuova edizione: marzo 2014

ADRIANO SALANI EDITORE
Da 150 anni più felici con un libro

Gruppo editoriale Mauri Spagnol
Milano

www.salani.it

Prologo

Per quanto ne sappia, questa dev'essere la prima volta in duemila anni di storia che un rabbino scrive una prefazione a un libro che raccoglie il pensiero di un sacerdote cattolico. Cosa ancor più rilevante se si considera che il sacerdote in questione è l'arcivescovo di Buenos Aires, primate d'Argentina oltre che cardinale, ordinato da Giovanni Paolo II.

Va anche detto che, scambiando l'ordine dei nomi e i relativi titoli, la stessa frase con cui iniziano queste mie riflessioni l'ho espressa in occasione della presentazione di un mio libro del 2006, uscito con la prefazione del cardinale Bergoglio.

Non si tratta di uno scambio di gentilezze, quanto della prova, chiara e sincera, del profondo dialogo che esiste tra due amici per i quali la ricerca di Dio e della dimensione spirituale che fa parte di ogni essere umano è stata ed è la preoccupazione costante di tutta la vita.

Il dialogo interreligioso, tema che acquistò particolare rilevanza a partire dal Concilio Vaticano II, in genere comincia con una fase di convenevoli per arrivare solo più tardi ad affrontare «i temi più spinosi». Con Bergoglio non ci furono convenevoli. L'avvicinamento cominciò con alcune battute velenose sulle squadre di calcio per le quali tifiamo, per passare immediatamente alla franchezza di un dialogo ispirato alla sincerità e al rispetto.

Ognuno manifestò all'altro la propria visione personale sui diversi temi che riguardano l'esistenza. Nessun eufemismo o astuzia, soltanto concetti chiari e diretti. Ognuno aprì il proprio cuore all'altro, che è anche secondo il Midrash l'essenza stessa della vera amicizia (Sifrei Devarim, Piska 305). Possiamo non trovarci d'accordo, ma ognuno si sforza sempre di comprendere i pensieri e i sentimenti profondi dell'altro. E su tutto quel che deriva dai nostri valori comuni, quelli che provengono dai testi profetici, c'è un accordo che si è saputo plasmare in numerose azioni. Senza badare alle interpretazioni o alle critiche che altri avrebbero potuto muovere, camminiamo l'uno accanto all'altro con la nostra verità, con la convinzione comune di poter spezzare quei circoli viziosi che degradano la condizione umana. Con la fede che il corso della storia possa e debba essere cambiato, che la visione biblica della redenzione del mondo, preannunciata dai profeti, non sia solo un'utopia, ma un obiettivo possibile. Che ci sia bisogno solo di persone impegnate per realizzarla.

Più che «il Gesuita» amo definire Bergoglio come «il Pastore». Questo libro è una testimonianza della sua vita. È un libro destinato ai molti che hanno condiviso con lui un percorso esistenziale e in particolar modo al suo gregge di fedeli. Un libro nel quale ricorrono spesso espressioni come «ho peccato... ho sbagliato... con tutti i miei difetti... il tempo, la vita mi hanno insegnato». Perfino sui temi scottanti che riguardano la vita argentina, il ruolo suo e della Chiesa negli anni oscuri della dittatura, Bergoglio sa esprimersi con grande umiltà e con la costante preoccupazione di comprendere e immedesimarsi nel prossimo, specialmente in coloro che soffrono.

Ci sarà chi dissentirà dalle sue valutazioni, ma al di là

di ogni possibile critica, nessuno potrà negare quel sottofondo di umiltà e comprensione con cui affronta ognuno di questi temi.

L'ossessione di Bergoglio, che percorre come un *leitmotiv* tutto il libro, può essere riassunta in due parole: incontro e unità. Intendendo quest'ultima come una condizione di armonia tra gli uomini nella quale ognuno, a partire dalle proprie peculiarità, ma ispirato da un sentimento d'amore, si adopera per la crescita materiale e spirituale dell'altro.

Bergoglio, seguendo il testo biblico, mette alla base delle sue riflessioni la parola «amore» che ci rimanda, tra l'altro, ai versetti «Tu amerai dunque l'Eterno» (Deuteronomio 6:5),* «Amerai il prossimo tuo come te stesso» (Levitico 19:18), «Amerai il forestiero come te stesso» (Levitico 19:34). Gli stessi versetti che il rabbino Akiva (Bereshit Rabba, Parashah 24) considera come la sintesi dell'insegnamento della Torah e che ritroviamo nei Vangeli per bocca dello stesso Gesù (Matteo 22:34-40 e Luca 10:25-28). È la parola che definisce il più eccelso dei sentimenti umani, e che costituisce per Bergoglio la fonte d'ispirazione primaria nella realizzazione delle sue azioni e nella formulazione dei suoi messaggi.

Il lettore troverà in questo libro la visione di Bergoglio riguardo alle problematiche che la Chiesa cattolica si trova ad affrontare in questo momento così come l'analisi, senza remora e adottando un chiaro linguaggio critico, delle sue mancanze. Allo stesso tempo il lettore troverà il suo richiamo al recupero dei valori all'interno della nostra società, che lo portò a scontrarsi con alcune autorità

* *Bibbia ebraica*, Giuntina, 2001.

governative, incapaci di vederne l'analogia con i messaggi di critica sociopolitica che esprimevano i profeti del passato. Il maestro della fede, secondo la visione cosmica della Bibbia, deve poter esprimere la sua critica a tutti i membri della società in cui predica, a partire da una tribuna dello spirito lontana da qualsiasi interesse di partito. I problemi sociali che ha potuto vedere grazie al suo incontro con Dio, non può tenerseli dentro. Come disse il profeta: «Il Signore Dio ha parlato. Chi non profeterà?» (Amos, 3:8).

Quando ero piccolo, mio padre, immigrante polacco, mi portava con mio fratello a visitare i luoghi storici della patria. Uscendo dal Cabildo di Buenos Aires ci fece notare il bassorilievo che si trova sul frontone della vicina Cattedrale Metropolitana. Rappresenta l'incontro tra Giuseppe e i suoi fratelli, ci disse. Io avevo sentito parlare degli episodi di antisemitismo di cui erano stati vittime i miei antenati in Polonia e quell'immagine in cima a una Chiesa mi riempiva di speranza. Arriverà un giorno, pensai, in cui tutti riconosceranno la fratellanza col proprio prossimo.

Credo che questo libro, e molte delle storie che contiene, sia un tributo a quella speranza che noi due condividiamo fraternamente da molti anni a questa parte, che ha arricchito la nostra spiritualità e che di certo ci ha avvicinato a Colui che ha ispirato l'alito della vita in ogni essere umano.

Rabbino Abraham Skorka
Buenos Aires, 23 dicembre 2009

Introduzione

Quando Joseph Ratzinger venne chiamato a succedere a Giovanni Paolo II, i giornalisti accreditati sapevano che ricostruire le vicende di quel conclave sarebbe stata una cosa difficile, quasi impossibile. I tre giuramenti di segretezza riguardo a quel che succedeva nella Cappella Sistina, con minaccia di scomunica per coloro che li avessero violati, sembravano un ostacolo insormontabile. Nonostante questo, uno dei vaticanisti più informati, Andrea Tornielli del *Giornale*, scrisse un articolo il giorno successivo all'annuncio solenne dell'elezione del nuovo papa – e lo stesso si poteva leggere in Argentina in un articolo del *Clarín* – in cui raccontava come il gesuita argentino Jorge Mario Bergoglio avesse avuto un ruolo decisivo. Tornielli – il giornalista che all'inizio fu più prodigo di dettagli – raccontò che nella seconda delle tre votazioni effettuate Bergoglio aveva raccolto 40 voti, un risultato mai visto per un cardinale latinoamericano, piazzandosi immediatamente dietro Ratzinger, che sarebbe poi diventato Benedetto XVI.

Col passare del tempo, altri qualificati commentatori confermarono quella versione. Tra questi, anche Vittorio Messori (giornalista e scrittore cattolico, il più tradotto all'estero degli ultimi decenni, autore del celebre *Varcare la soglia della speranza*, una lunga conversazione con Giovanni Paolo II, oltre che di *Rapporto sulla fede*, scritto con l'allora cardinale Ratzinger) che disse: «Un conclave è chiaramente molto segreto, ma qualcosa si viene sempre a sapere. Tutti sembrano d'accordo nel dire che nelle prime votazioni del Conclave, i cardinali Ratzinger e Bergoglio si trovavano praticamente alla pari».* Dopo aver precisato di non essere un vaticanista ma uno studioso di argomenti cristiani, e per questo di non avere informazioni dirette, Messori giunse a citare «varie fonti concordanti» secondo le quali Bergoglio avrebbe chiesto ai suoi colleghi di far confluire i loro voti su Ratzinger, il candidato più solido, la scelta quasi obbligata, visto che si trattava «della 'mente teologica' di Giovanni Paolo II, quello che meglio avrebbe espresso la continuità».

Secondo alcuni osservatori, le possibilità di Bergoglio erano cresciute notevolmente dal momento in cui l'altro gesuita, esponente dell'ala progressista, il cardinale italiano Carlo Maria Martini, si era volontariamente fatto da parte per motivi di salute. Anche se non va trascurato il fatto che Martini era sempre stato troppo progressista perché i settori conservatori, maggioritari nel collegio cardinalizio, potessero votarlo. È vero anche che già alla fine del 2002 il prestigioso vaticanista Sandro Magister aveva scritto sull'importante settimanale italiano *l'Espresso* che se in quel momento si fosse tenuto un conclave, Bergoglio avrebbe raccolto «una valanga di voti» e sarebbe così stato consacrato papa. «Timido, schivo, di poche parole, non muove un dito per fare campagna. Ma proprio questo è considerato uno dei suoi grandi meriti».** E aggiunse: «La sua austerità e frugalità, assieme a una

* Riflessione ripresa nell'articolo pubblicato sul *Corriere della Sera*, 14/03/2012. (*Ndr*)

** «Bergoglio in pole position», *L'Espresso* n. 49, 28/11/2002. (*Ndr*) intensa dimensione spirituale, sono elementi che lo elevano sempre più alla condizione di 'papabile' ».

Il pronostico di Magister non fu del tutto sbagliato. Dicono i vaticanisti – e Tornielli per primo – che, dopo la seconda votazione, Bergoglio sembrava « sopraffatto » dal numero sempre maggiore di voti che stava ricevendo. E che fu in quel momento che decise di farsi da parte e di chiedere che i suoi voti confluissero su Ratzinger – che comunque fin dall'inizio si era trovato in una posizione di vantaggio – per tutto quello che Ratzinger rappresentava e per evitare che la propria candidatura bloccasse l'elezione e prolungasse il Conclave, nuocendo all'immagine della Chiesa. Un prolungamento avrebbe potuto, infatti, essere letto come segno di discordia tra i cardinali di fronte a un mondo che li guardava con grandi aspettative. Di fatto, importanti membri della Santa Sede avevano pronosticato nei giorni precedenti alle votazioni che, se non fosse stato eletto rapidamente Ratzinger, si sarebbe corso il rischio di andare avanti a lungo con le votazioni prima che un cardinale riuscisse a ottenere i suffragi necessari. Diventa chiaro così il motivo per cui Bergoglio non volesse addossarsi una responsabilità di quel tipo. In ogni caso, fu evidente a molti analisti che il suo ruolo in quel frangente fu di una rilevanza assoluta.

A questo punto, come spiegare il « fenomeno Bergoglio »? Bisogna prima di tutto tornare indietro agli inizi del secolo. La figura del cardinale argentino era poco conosciuta tra gli alti dignitari ecclesiastici dei cinque continenti fino al momento in cui un evento epocale lo collocò sotto gli occhi di tutti, nel 2001. Più precisamente attorno all'11 settembre del 2001. Il cardinale Edward Egan, allora arcivescovo di New York, si trovava in Vaticano per un sinodo dei vescovi di tutto il mondo e dovette, un mese dopo l'11 settembre, tornare nella sua città per partecipare a un omaggio alle vittime del terribile attentato alle Twin Towers. Il suo posto come relatore ufficiale dell'assemblea venne preso dal cardinale Bergoglio, che fece un'ottima impressione. Tutti gli osservatori concordano che fu quello il punto di svolta della sua esposizione internazionale. Fu comunque il più votato tra i 252 padri sinodali di 118 Paesi per far parte del consiglio post sinodale in rappresentanza del continente americano.

Il prestigio di Bergoglio sarebbe stato confermato due anni dopo il Conclave, alla V Conferenza generale dell'Episcopato latinoamericano e dei Caraibi tenuta ad Aparecida in Brasile. In quell'occasione venne eletto a larghissima maggioranza presidente della strategica commissione redattrice del documento finale, un incarico di grande responsabilità se si considera che, da analoghe conferenze, come quelle tenute nel 1969 a Medellín in Colombia e nel 1979 a Puebla in Messico, erano emersi documenti di enorme importanza per il cattolicesimo dell'intero continente. Non fu l'unico riconoscimento che Bergoglio ottenne in quell'incontro: il giorno che si trovò a dire messa la sua omelia venne accolta da un lungo applauso. Non era capitato a nessun altro celebrante durante le tre settimane di quella conferenza. Testimoni diretti raccontano come molti partecipanti approfittassero delle pause per poter chiacchierare col cardinale argentino e per farsi fotografare assieme a lui come se fosse un attore famoso o un celebre sportivo.

Tuttavia, chiunque abbia conosciuto Bergoglio sa che non si tratta di un personaggio appariscente, di quelli che hanno successo nei programmi televisivi. E neppure di un oratore magniloquente, con un talento istrionesco. Al contrario il suo tono è basso, ma il contenuto è profondo. Senza contare che, prima di essere nominato vescovo ausiliare di Buenos Aires nel 1992, era stato un perfetto *outsider* della Chiesa, tutto il contrario di un sacerdote che cerca di scalare la piramide ecclesiastica, di *fare carriera*.

In quel periodo Bergoglio era direttore spirituale e confessore della Compagnia di Gesù a Córdoba, città a cui era stato destinato quasi due anni prima. Fu l'allora arcivescovo di Buenos Aires, il cardinale Antonio Quarracino – colpito dalle sue qualità – a sceglierlo come uno dei suoi principali collaboratori nominandolo vescovo ausiliare. E un anno dopo lo promosse vicario generale. E quando le sue condizioni di salute cominciarono a peggiorare lo designò come suo successore (e il Papa lo nominò arcivescovo coadiutore con diritto di successione). Alla morte di Quarracino nel 1998, Bergoglio divenne il primo gesuita a capo della curia di Buenos Aires.

All'epoca Bergoglio già poteva contare su un grande ascendente nei confronti del clero della sua città, soprattutto di quello più giovane. Particolarmente apprezzate erano la sua cortese disponibilità, la sua semplicità, la sua saggezza. Tutte qualità che non cambiarono in nulla quando raggiunse il vertice dell'arcidiocesi primaziale, sede cardinalizia. Istituì una linea telefonica diretta perché i sacerdoti potessero chiamarlo per qualsiasi problema e in ogni momento. Quando era necessario, pernottava in qualche parrocchia per assistere un sacerdote malato. Continuò a viaggiare in tram e in metropolitana, evitando la macchina con autista. Rifiutò di andare a vivere nell'elegante residenza arcivescovile di Olivos, vicina a quella del Presidente della Repubblica, per restare nell'austero appartamento della curia di Buenos Aires. Infine continuò a rispondere personalmente alle telefonate, a ricevere tutti quelli che lo desideravano e a prendere nota personalmente sulla sua semplice agenda tascabile di tutte le attività e degli incontri. E continuò a schivare gli eventi sociali preferendo il clergyman scuro alla tonaca cardinalizia.

A proposito della sua austerità, si racconta che quando seppe della sua nomina a cardinale nel 2001 non volle comprare nuovi abiti, ma preferì adoperare quelli del suo predecessore. E che non appena si rese conto che alcuni dei suoi fedeli avevano in animo di accompagnarlo a Roma per la cerimonia in cui Giovanni Paolo II gli avrebbe consegnato gli emblemi della dignità cardinalizia, li esortò a non farlo e a donare ai poveri il denaro che avrebbero usato per quel viaggio. Dicono anche che durante una delle sue numerose visite alle baraccopoli di Buenos Aires, chiacchierando con le centinaia di persone della parrocchia di Nuestra Señora de Caacupé, situata nel quartiere di Barracas, un muratore si alzò e gli disse commosso: «Sono orgoglioso di lei, perché quando venivo da queste parti assieme ai miei compagni la vedevo sempre seduto agli ultimi posti, come uno qualunque; quando lo dicevo agli altri non mi volevano credere». Da allora Bergoglio si conquistò per sempre un posto nel cuore di quella gente umile e paziente. «Lo sentiamo come uno di noi» dicevano.

Molti ricordano anche il suo impegno per fermare la repressione a Plaza de Mayo, all'epoca dei disordini del dicembre del 2001. Guardando dalla sua finestra della sede dell'arcivescovado si trovò ad assistere alla scena di una donna picchiata dalla polizia. Prese il telefono, chiamò il ministero degli Interni e parlò con un responsabile della sicurezza per chiedergli che si facesse un distinguo tra i facinorosi che commettevano reati e i semplici risparmiatori che reclamavano i loro soldi depositati nelle banche. Era quello il periodo in cui Bergoglio stava scalando la struttura ecclesiastica nazionale fino a essere eletto, nel 2004, presidente della Conferenza Episcopale (carica che gli venne confermata nel 2007) sulla base di una politica di moderazione, lontana dai poteri e con una marcata attenzione al sociale, una linea che già da un po' aveva conquistato la maggioranza in una Chiesa tradizionalmente conservatrice. Una corrente molto critica nei confronti del neoliberismo degli anni Novanta e delle ricette del Fondo Monetario Internazionale, contraria a pagare il debito estero con i sacrifici imposti alle classi meno abbienti.

È facile recuperare nelle dichiarazioni di Bergoglio precedenti al tracollo di inizio secolo la sua preoccupazione sul progressivo deterioramento delle condizioni del Paese.

I suoi messaggi durante i Tedeum del 25 maggio – che lui trasformò in un pulpito civico di estrema importanza – furono ancor più eloquenti. Come nel 2000, quando disse a Fernando de la Rúa, presidente da poco più di cinque mesi: «A volte mi chiedo se non ci troviamo tutti, in certi momenti della vita della nostra società, a marciare come in un corteo triste, come se insistessimo a voler mettere una lapide tombale alla nostra ricerca, come se camminassimo verso un destino inesorabile costellato di impossibilità, come se ci accontentassimo di piccole illusioni prive di qualsiasi speranza. Dobbiamo riconoscere, con molta umiltà, che il sistema è sprofondato in un cono d'ombra, l'ombra della sfiducia, e che certe promesse e dichiarazioni sembrano quelle di un corteo funebre: tutti consolano i parenti, ma nessuno solleva il morto».

Passato per il punto peggiore della crisi, durante il Tedeum del 2003, davanti a Néstor Kirchner da poco eletto presidente, chiamò tutti a «porsi la patria in spalla» per fare grande il Paese.

L'omelia che tenne nel Tedeum dell'anno successivo fu sicuramente quella di maggior impatto dal punto di vista politico. Tra le varie cose, Bergoglio dichiarò che «noi argentini siamo portati all'intolleranza», criticò «quelli che si sentono tanto integrati da escludere tutti gli altri, tanto chiaroveggenti da essere diventati ciechi» e ammonì che «replicare l'odio e la violenza del tiranno e dell'assassino è il modo migliore per diventarne l'erede». Il giorno seguente, il suo allora portavoce, il sacerdote Guillermo Marcó, specificò che le parole dell'arcivescovo erano rivolte a tutta la società, Governo e Chiesa inclusi, e che comunque «Se ti sta bene quel saio, indossalo» (ovvero: 'se queste parole vi bruciano rimboccatevi le maniche e agite'). Questo non impedì a Kirchner di mostrarsi offeso, tanto da disertare tutti i successivi Tedeum officiati da Bergoglio. In più, con un atto inusitato in duecento anni di storia argentina, spostò la cerimonia ufficiale di ringraziamento alla patria nei capoluoghi di provincia. A parte un evento fortuito – un omaggio ai Padri Pallottini massacrati al tempo dell'ultima dittatura – i due non ebbero più modo di trovarsi faccia a faccia.

A sua volta il cardinale fu il bersaglio – soprattutto nei momenti del conclave nel quale era considerato come uno dei papabili – di una insistente campagna giornalistica che lo accusava di aver di fatto «consegnato» due sacerdoti del suo ordine, impegnati nel lavoro nelle baraccopoli, a un commando della Marina durante l'ultima dittatura militare, quando Bergoglio era il provinciale dei gesuiti in Argentina. Per l'autore di quella denuncia, Bergoglio – mentre occupava quell'incarico – avrebbe cercato di rimuovere tutti i membri progressisti della Compagnia di Gesù.

Per altri osservatori, invece, si è verificato esattamente il contrario: secondo loro l'intervento di Bergoglio salvò la vita ai due sacerdoti e scongiurò inoltre una crisi profonda nella sua comunità religiosa, causata dalla forte ideologizzazione del momento. « Fu un periodo molto difficile per la Compagnia di Gesù, ma se non ci fosse stato lui alla guida, le difficoltà sarebbero state maggiori », commentò una volta Ángel Centeno, per due volte segretario del Culto.

Per molte delle personalità che lo frequentano, Bergoglio è l'uomo degli incontri personali, che ti avvince con i suoi modi e ti sorprende con i suoi orientamenti. Per la gente comune che si trova a incontrarlo per una qualche ragione, è una persona semplice e calorosa, piena di attenzioni, grandi e piccole. Per i molti che conoscono il suo pensiero religioso, è il sacerdote impegnato perché la Chiesa si apra all'incontro con la gente attraverso un messaggio di comprensione e di entusiasmo; è il religioso che, con una brillante intuizione, portò con sé dalla Germania il quadro della *Vergine che scioglie i nodi*, che sarebbe diventato un vero e proprio fenomeno di devozione popolare a Buenos Aires; il pastore, infine, rispettoso dell'ortodossia della dottrina e della disciplina ecclesiastica, allo stesso tempo portatore di una concezione moderna e profondamente spirituale dell'essere Chiesa e del vivere il Vangelo in mezzo alle sfide della società moderna.

Ma chi è davvero questo discendente d'immigrati italiani, nato a Buenos Aires nel 1936, diplomato come perito chimico, che all'età di 21 anni decise di abbracciare la propria vocazione religiosa? Chi è questo gesuita che divenne sacerdote a 33 anni, docente di letteratura e psicologia, laureato in teologia e filosofia, nonché conoscitore di svariate lingue? Chi è questo religioso che insegnò al collegio dell'Immacolata Concezione di Santa Fe (1964-1965), provinciale fra i 36 e i 43 anni della Compagnia di Gesù (1973-79), e poi ancora rettore del collegio Máximo di San Miguel (1980-1986)? Chi è questo sacerdote che fu confessore della comunità nel collegio del Salvador di Buenos Aires (1986-1990), con un intervallo, durante il primo anno, di sei mesi in Germania per completare la sua tesi sull'eminente teologo e filosofo cattolico Romano Guardini, propugnatore del rinnovamento ecclesiastico, che si sarebbe realizzato nel Concilio Vaticano II?

Chi è questo insegnante che conosceva Jorge Luis Borges e gli faceva leggere i racconti dei suoi alunni? Chi è questo pastore convinto che sia necessario passare da una Chiesa che « regolamenta la fede » a una che « trasmette e agevola la fede »? Chi è questo ministro religioso che, partito da un ministero di secondo piano in una sede gesuita di Córdoba, divenne in pochi anni arcivescovo di Buenos Aires, primate d'Argentina e presidente dell'Episcopato? Chi è, infine, questo argentino dallo stile di vita quasi monacale che è diventato papa?

Nonostante il detto per cui è sempre difficile sapere quel che pensa un gesuita – e mettendo in conto anche una certa aura enigmatica che circonda il personaggio – questo libro cerca di rispondere a tutti questi interrogativi a partire da una serie di incontri che si svilupparono per più di due anni nella sede dell'arcivescovado di Buenos Aires.

Non fu facile convincerlo ad accettare. « Le interviste giornalistiche non sono il mio forte » è solito dire. Di fatto, nel nostro primo incontro accettò appena di fare alcuni commenti sulle sue omelie e sulle sue dichiarazioni. Quando finalmente si lasciò convincere non pose condizioni, anche se mantenne fino in fondo una certa riottosità a parlare di se stesso, una resistenza ai nostri tentativi di mostrare il suo lato umano e la sua dimensione spirituale. E tutti i nostri incontri, immancabilmente, terminarono con il suo dubbio di fondo espresso nella frase: « Pensate davvero che quanto ho detto possa essere utile? »

Non abbiamo mai avuto la pretesa di esaurire gli argomenti che gli proponevamo. Ma soltanto quella di raggiungere un'approssimazione al pensiero di un individuo sensibile e allo stesso tempo molto deciso e brillante, un individuo che già era un punto di riferimento essenziale per la Chiesa mondiale. Le sue risposte fanno riferimento a un Paese in perenne crisi, a una Chiesa posta di fronte a tante sfide, a una società alla ricerca, molto spesso inconscia, di un modo per saziare la propria sete di trascendenza. A uomini e donne che cercano un senso alla propria vita, che vogliono amare ed essere amati, e raggiungere la felicità. Sono risposte, in breve, che invitano a pensare con lo sguardo rivolto verso l'alto.

Francesca Ambrogetti
Sergio Rubin

Capitolo uno

Nonna Rosa e il suo cappotto col collo di volpe

Faceva molto caldo quella mattina del gennaio del 1929 quando la famiglia Bergoglio sbarcò al porto di Buenos Aires. Il suo arrivo non passò per nulla inosservato. Il fatto è che alla testa del gruppo stava una signora elegante in un cappotto con il collo di volpe. Un cappotto magnifico, ma del tutto inadeguato alla soffocante e umida estate della città. Non si trattava di una stravaganza: Rosa Bergoglio aveva nascosto nella fodera dell'abito il denaro ottenuto dalla vendita dei beni che la famiglia possedeva in Italia, denaro con cui contavano di cominciare una nuova vita in Argentina. Le operazioni di vendita si erano protratte più del previsto e fu questo, probabilmente, a salvare le loro vite. I Bergoglio, infatti, avevano acquistato i biglietti per partire da Genova a bordo del tristemente famoso *Principessa Mafalda*, in quello che sarebbe stato il suo ultimo viaggio visto che, a causa di una pesante avaria, subì la rottura dello scafo e affondò a nord del Brasile, portando con sé centinaia di vite. I Bergoglio invece s'imbarcarono sul *Giulio Cesare*.

Venivano da un paesino del Piemonte chiamato Portacomaro. Si lasciavano alle spalle un continente in cui non si erano ancora rimarginate le ferite della Prima guerra mondiale e già si cominciava a temere seriamente che potesse scoppiarne un'altra, un'Europa segnata da un'economia in crisi. Arrivavano in un Paese lontano da quel conflitto e da quelle tensioni sociali, che offriva opportunità di lavoro apparentemente infinite, salari migliori, possibilità di accesso all'educazione garantite a tutti e una grande mobilità sociale. In altre parole arrivavano in un Paese caratterizzato dalla pace e dal progresso. A differenza della maggioranza degli immigranti che, appena sbarcati, si fermavano nell'emblematico Hotel de los Inmigrantes, accanto al porto, i Bergoglio continuarono il loro viaggio verso la capitale di Entre Ríos dove erano attesi con ansia dai loro famigliari.

Le origini della sua famiglia, il suo arrivo nel Paese, il ricordo dei suoi genitori e le esperienze della sua infanzia erano i temi in scaletta per il nostro primo incontro con Bergoglio, nella sala delle udienze dell'arcivescovado di Buenos Aires, luogo che avrebbe ospitato anche tutti i successivi incontri. Non appena gli menzionammo l'episodio, i suoi ricordi sgorgarono immediati: quel viaggio mancato sulla *Principessa Mafalda*, l'arrivo in porto della famiglia – ivi compreso il suo futuro padre che all'epoca aveva 24 anni – l'immagine della nonna col collo di volpe, i primi tempi della capitale di Entre Ríos...

Perché la sua famiglia emigrò in Argentina?
Tre fratelli di mio nonno si trovavano già qui dal 1922 e avevano fondato un'impresa che realizzava pavimenti a Paraná. Lì avevano costruito i quattro piani del palazzo Bergoglio, la prima casa della città ad avere un ascensore. Aveva una cupola molto bella, simile a quella della pasticceria El Molino di Buenos Aires, che poi venne eliminata dall'edificio. Ciascun fratello abitava uno dei quattro piani. Con la crisi del 1932 si ritrovarono in povertà e furono costretti a vendere tutto, anche la casa di fami-

glia. Uno dei miei prozii, il presidente della ditta, era già morto di cancro, un altro ricominciò da capo con buoni risultati, il più giovane emigrò in Brasile, mentre mio nonno, con duemila pesos presi a prestito, comprò un negozio. Mio padre, che era contabile e che nella vecchia ditta lavorava come amministratore, divenne suo aiutante, facendo la consegna delle merci con una cesta, finché non riuscì a trovare un posto in un'altra ditta. Ripartirono da capo con la stessa naturalezza con cui avevano cominciato al loro arrivo. Credo che questa sia una dimostrazione della forza della razza.

In Italia si trovavano male?
In realtà, no. I miei nonni avevano una pasticceria, ma vollero venire qui per ritrovare i loro fratelli. Erano sei in tutto, due dei quali rimasero in Italia, un fratello e una sorella.

Il concetto di tenere unita la famiglia è molto europeo, in particolare molto italiano...
È vero. Io fui il più italiano di tutti perché venni allevato dai nonni. Quando avevo tredici mesi mia madre ebbe un altro figlio; in tutto siamo cinque. I nonni vivevano vicino e la nonna, per aiutare mia madre, veniva a prendermi la mattina e mi teneva in casa sua, per poi riportarmi verso sera. Tra di loro parlavano piemontese e così l'imparai anch'io. Volevano bene a tutti i miei fratelli, è chiaro, ma io ebbi in più il privilegio di condividere la lingua dei loro ricordi.

I suoi parenti soffrivano di nostalgia?
Non vidi mai segni di nostalgia in mio padre, e questo significa che provava quel sentimento, ma per qualche

motivo non voleva ammetterlo. Per esempio con me non parlava mai in piemontese, ma con i nonni sì. Era qualcosa che teneva chiuso dentro di sé, che si era lasciato alle spalle. Preferiva guardare avanti. Ricordo che una volta stavo rispondendo, in un italiano abbastanza zoppicante, a una lettera di un'insegnante di mio padre che mi aveva scritto quando ero in seminario. Gli chiesi come si scrivesse una certa parola e lui si dimostrò impaziente. Mi diede la risposta in fretta, come se volesse chiudere lì la conversazione e se ne andò. Sembrava che non volesse più parlare dell'Italia, anche se con i nonni lo faceva.

C'è chi dice che Buenos Aires non guarda verso il fiume perché, visto che è stata costruita da emigranti che avevano sofferto il trauma della partenza da casa e lo sradicamento, questi avevano preferito orientarla verso la Pampa, che rappresentava il loro futuro.

L'origine della parola nostalgia – dal greco *nóstos álgos* – ha a che vedere col desiderio di tornare in un posto; è di questo che parla l'*Odissea*. È una cosa molto umana. Quel che fa Omero, attraverso la storia di Ulisse, è segnare il percorso del ritorno al seno della terra, al seno materno della terra che ci ha dato alla luce. Credo che abbiamo perduto la nostalgia come dimensione antropologica. Ma l'abbiamo perduta anche nell'educazione, per esempio nella nostalgia del focolare. Ogni volta che abbandoniamo i nostri vecchi nelle case di riposo con tre palline di naftalina in tasca, come se fossero un soprabito o un cappotto, vuol dire che c'è qualcosa che non va nella nostra dimensione nostalgica, perché mantenere un contatto con i propri nonni vuol dire tornare a incontrare il nostro passato.

Che è poi quel che fa ogni immigrante...

Certo. Ogni immigrante, non solo quello italiano, si trova a fare i conti con questa tensione. Un grande maestro della nostalgia, il poeta tedesco Friedrich Hölderlin, ha scritto una poesia molto bella, dedicata a sua nonna per i suoi 78 anni, che comincia con « Molte cose hai vissuto, cara madre! »* e che si chiude con « Che l'uomo mantenga quel che il fanciullo promise ». Me la ricordo perché ho una devozione particolare per mia nonna che mi diede tante cose nei miei primi anni di vita, come ho scritto pure in uno dei miei libri. Ammiro molto anche Nino Costa il quale a proposito dei piemontesi ha scritto dei versi molto romantici che qui fanno proprio al caso nostro.

Bergoglio ci recitò a memoria e con grande partecipazione una delle poesie di Costa:

Ma el pi dle volte na stagion perdüa
o na frev o un malör de so mesté
a j'incioda ant na tumba patanüa
*spersa ant un camp-sant foresté.***

E aggiunse: « La nostalgia poetica che Costa esprime in questi versi nasce dall'aver voluto, ma non aver potuto tornare. Ma ci sono anche riflessioni molto interessanti

* Friedrich Hölderlin, *Tutte le liriche*, a cura di Luigi Reitani, Meridiani, Mondadori 2001. (*Ndr*)

** Ma il più delle volte una stagione perduta
o una febbre o un malanno da lavoro
li inchioda a una tomba spoglia
persa in un cimitero straniero. (*Ndr*)

sulla nostalgia degli emigrati nel libro di Luigi Orsenigo *Il grande esodo*».

Come si conobbero i suoi genitori?
Si conobbero a messa nel 1934, all'oratorio salesiano di San Antonio, nel quartiere di Almagro a Buenos Aires. L'anno seguente si sposarono. Lei era figlia di una piemontese e di un argentino di origini genovesi. Ricordo bene uno degli zii di mia madre, un vecchio svergognato che ci insegnava delle canzonette sconce in dialetto genovese. Per questo nessuna parola del poco genovese che so è ripetibile.

Giocava assieme ai suoi genitori?
Sì, a briscola e ad altri giochi a carte. Papà giocava a basket nel San Lorenzo e a volte ci portava con lui. Con la mamma al sabato ascoltavamo le opere liriche che trasmettevano alla Radio del Estado (oggi Radio Nacional). Ci faceva sedere accanto all'apparecchio e prima che cominciasse ci raccontava la trama dell'opera. Quando stava per cominciare qualche aria importante ci avvertiva: «State attenti, questa è una canzone molto bella». Passare il sabato con la mamma e i miei fratelli, godendo dell'arte, era una cosa meravigliosa.

Vi comportavate bene? Per i bambini non è sempre facile capire l'opera...
Be'... sì. A volte dopo un po' cominciavamo a distrarci, ma lei, con le sue spiegazioni, teneva desta la nostra attenzione. In *Otello* ci avvisava: «Ascoltate bene, ora l'ammazza». Queste sono le cose che ricordo della mia infanzia: la presenza dei nonni, come ho detto, si è progressi-

vamente persa nella società, ma ora, per colpa della crisi economica, è tornata d'attualità perché c'è bisogno di qualcuno che badi ai bambini. Ma soprattutto ricordo i miei genitori, le cose che facevamo insieme, i giochi... la cucina...

La cucina?
Mi spiego: mia madre dopo il quinto parto ebbe una paresi e solo dopo un po' riuscì a riprendersi. In quel periodo, al ritorno da scuola la trovavamo seduta a pelare le patate con intorno tutti gli altri ingredienti già pronti. Allora lei ci diceva come dovevamo metterli insieme e cucinarli, perché noi non ne avevamo idea: « Ora mettete questo e quest'altro nella pentola e quello nella padella... » ci spiegava. È così che abbiamo imparato a cucinare. Tutti sappiamo fare almeno una cotoletta.

E adesso cucina ancora?
No, non ho tempo. Ma quando vivevo nel collegio Máximo di San Miguel, dato che le domeniche la cuoca non c'era, dovevo cucinare io per gli studenti.

Ed è bravo?
Be', non ho mai ammazzato nessuno...

Capitolo due

«Meglio che cominci a lavorare...»

Alla fine delle scuole medie il padre chiamò il giovane Bergoglio e gli disse: «Guarda, ora che stai per iniziare le superiori, sarà meglio anche che cominci a lavorare; ti troverò qualcosa da fare durante le vacanze». Jorge, tredici anni appena, lo guardò un po' sconcertato. In casa, con lo stipendio del padre che era contabile, non se la passavano male. «Nulla di superfluo, non avevamo l'automobile e neppure andavamo in vacanza l'estate, però non ci mancava nulla» ci dice ora. In ogni caso, accettò ubbidiente.

In breve tempo si trovò a lavorare in una fabbrica di calze che era cliente dello studio contabile per cui lavorava suo padre. Addetto alle pulizie per i primi due anni, al terzo anno ebbe un incarico amministrativo. A partire dal quarto anno la sua carriera lavorativa e anche il tempo che a quella dedicava subirono un mutamento radicale.

Dato che frequentava un istituto industriale specializzato in chimica dell'alimentazione, riuscì a entrare in un laboratorio nel quale lavorava dalle 7 alle 13. Un'ora appena per mangiare e poi a scuola a seguire le lezioni fino alle 20. Mezzo secolo dopo considera quel lavoro, che proseguì anche dopo aver terminato le superiori, molto prezioso per la sua formazione.

«Sono molto grato a mio padre per avermi mandato a

lavorare. Quel lavoro fu una delle cose che mi hanno dato di più nella vita e, in particolare, in quel laboratorio capii il bello e il brutto di qualunque attività umana» sottolinea. E con aria nostalgica aggiunge: «Avevo come capo una donna straordinaria, Esther Ballestrino de Careaga, una paraguaiana simpatizzante comunista a cui anni dopo, durante l'ultima dittatura, rapirono una figlia e un genero. In seguito anche lei venne sequestrata assieme a due monache francesi, Alice Domon e Léonie Duquet, e assassinata. Ora riposa nella chiesa di Santa Cruz. Le volevo molto bene. Ricordo che quando le portavo i risultati di un'analisi mi diceva: 'Però, come hai fatto in fretta!' E subito dopo mi chiedeva: 'Ma questo test l'hai fatto?'. E io le rispondevo che non ce n'era bisogno perché, dopo tutti i test fatti prima, il risultato doveva essere più o meno quello. 'No, le cose vanno fatte per bene' mi rimproverava lei. Insomma quello che mi stava dicendo era che il lavoro va sempre preso con molta serietà. Davvero, una grande donna a cui devo molto».

Questo episodio ci servì, quel giorno, a rompere il ghiaccio e ad affrontare il tema della nuova conversazione: il lavoro.

Di certo, durante la sua vita sacerdotale si saranno rivolte a lei tante persone disoccupate. Qual è la sua esperienza?

È vero, moltissime. Sono persone che non si sentono più tali. Per quanto abbiano famiglia o amici in grado di aiutarli, il loro desiderio è lavorare, guadagnarsi il pane col sudore della fronte. Il fatto è che, alla fin fine, quel che dà dignità a una persona è proprio il lavoro. Non la dà né il lignaggio, né l'origine familiare, né l'educazione. La dignità in quanto tale viene soltanto dal lavoro. Mangiamo quel che guadagniamo, manteniamo la nostra famiglia con quel che guadagniamo. Non importa se poco o molto. Se è molto, tanto meglio. Possiamo possedere anche una fortuna, ma se non lavoriamo la nostra dignità crolla. Un esempio tipico è quello dell'immigrante che arriva senza niente, lotta, lavora e in un modo o nell'altro «fa l'America». Attenzione, però, perché con il figlio o il nipote può cominciare la decadenza, se non sono stati educati al lavoro. Per questo gli immigranti non tolleravano un figlio o un nipote sfaccendati, ma pretendevano che lavorassero. Posso raccontare una storia a questo proposito?

Certo...
Ricordo il caso di una famiglia di Buenos Aires di origine basca. Eravamo negli anni Settanta e il figlio era tutto preso dalla protesta sociale. Il padre era un tipico allevatore di bestiame. Tra loro c'erano pesanti divergenze ideologiche. Dato che entrambi tenevano in grande considerazione un vecchio sacerdote, lo invitarono a pranzo perché li aiutasse a comporre i loro conflitti. Il sacerdote accettò, li ascoltò con pazienza e alla fine, da vecchio saggio qual era, disse: «Il problema è che entrambi avete scordato il crampo». Padre e figlio lo guardarono sconcertati: «Che crampo?» E il sacerdote rispose col dito puntato: «Il crampo alla schiena di tuo padre e di tuo nonno quando si alzavano alle quattro di mattina a mungere le vacche!»

È vero che il sacrificio ci fa vedere le cose in maniera diversa.
Innanzitutto ci allontanano dalle teorizzazioni sterili. Il padre era diventato parte, diciamo, dell'*establishment*, il figlio aveva abbracciato con forza un'altra ideologia, ma entrambi si erano dimenticati del lavoro. Il lavoro offre

una prospettiva più realista e in più costituisce un chiaro comandamento di Dio: «Crescete e moltiplicatevi, riempite la terra e dominate su di essa...»* Ossia siate padroni della terra: lavorate.

La situazione peggiore allora è proprio quella di coloro che vorrebbero lavorare e non possono.

Chi è disoccupato, nei suoi momenti di solitudine, si sente un disgraziato perché «non si guadagna la vita». Per questo è molto importante che i governi dei vari Paesi, attraverso i ministeri competenti, alimentino la cultura del lavoro e non dell'assistenza. È vero anche che nei momenti di crisi, per uscire dall'emergenza, come quella che abbiamo vissuto in Argentina nel 2001, non si può fare a meno di ricorrere all'assistenza. Ma subito dopo è necessario sviluppare le occasioni di lavoro perché, non mi stanco mai di ripeterlo, è dal lavoro che deriva la dignità.

Ma la scarsità del lavoro rappresenta una sfida enorme. C'è anche chi parla di «fine del lavoro»...

Vediamo... Nella misura in cui meno persone lavorano, meno persone consumano. L'uomo interviene sempre meno nel processo produttivo, ma allo stesso tempo è lui che va a comprare i prodotti. Mi sembra che questa cosa si sia un po' persa di vista. Credo che non si stia indagando sulle possibilità di lavori alternativi. Ci sono anche dei Paesi in cui, visto che non è più possibile dare un lavoro a tutti, si procede alla riduzione dei giorni lavora-

* Questa citazione da Genesi 9 : 7 non corrisponde esattamente al testo della Bibbia Nuova Riveduta, ma fa riferimento a una versione precedente. (*Ndr*)

tivi o degli orari di lavoro nella prospettiva che la gente goda di un maggior «tempo libero gratificante». Ma la prima tappa è sempre la creazione dei posti di lavoro. Non va dimenticato che la prima enciclica sociale, la *Rerum Novarum*, venne promulgata in piena Rivoluzione Industriale, quando cominciarono a sorgere conflitti e i dirigenti dell'epoca non sembravano in grado di suggerire alternative.

All'altro estremo troviamo il problema dell'eccesso di lavoro. Non dovremo prima o poi recuperare il senso dell'ozio?
Il suo giusto senso. L'ozio può essere inteso in due accezioni: come tempo libero come inerzia. Assieme a una cultura del lavoro è bene avere anche una cultura dell'ozio come gratificazione. In altre parole, una persona che lavora deve anche aver il tempo di riposare, stare in famiglia, divertirsi, leggere, ascoltare musica, praticare uno sport. Ma questo è proprio tutto ciò che sta scomparendo con l'abolizione del riposo domenicale. Sempre più gente lavora anche la domenica per colpa della competitività insita nella società dei consumi. In questi casi arriviamo al problema opposto: al lavoro come forma di disumanizzazione. Quando il lavoro non dà spazio a un riposo riparatore, allora diventa una schiavitù, perché in quel caso non si lavora più per la propria dignità, ma solo per la competizione. Viene viziato il motivo stesso per cui stai lavorando.

E naturalmente la prima a risentirne è la vita familiare...
Proprio per questo, la cosa che chiedo sempre ai giovani genitori quando vengono a confessarsi è se giocano o no con i loro figli. Molti si sorprendono perché non si aspettano una domanda del genere e ammettono che è la pri-

ma volta che qualcuno gliela rivolge. Molti di loro escono per andare al lavoro quando i loro figli ancora dormono e tornano a casa quando questi sono di nuovo a letto. Un sano riposo vuol dire che una madre e un padre devono giocare con i loro figli. Cioè, il sano riposo ha a che vedere con la dimensione ludica, che è profondamente sapienzale. Nel libro per l'appunto della Sapienza si dice che Dio, nella sua sapienza, giocava. Al contrario, l'ozio considerato come infingardaggine è la negazione del lavoro. C'è una milonga di Tita Merello che dice: «Che fiacca, ho abbandonato la corsa».

Il problema è che non è facile trovare un equilibrio. A volte uno può trovarsi facilmente «fuori dalla corsa».

È vero. La Chiesa ha sempre sostenuto che la chiave della questione sociale sta nel lavoro. Il lavoratore sta al centro. Oggi, in molti casi, non è più così. Se uno non ha un rendimento sufficiente, è facile che venga licenziato. In questo modo diventa una cosa, non più una persona. Negli ultimi decenni la Chiesa ha denunciato questa disumanizzazione del lavoro. Non dimentichiamo che una delle principali cause di suicidio è il fallimento sul lavoro all'interno di una competitività feroce. Per questo non bisogna guardare al lavoro solo dal punto di vista dei risultati. La cosa importante non è né il guadagno, né il capitale. E non è l'uomo che deve servire il lavoro, bensì è il lavoro che deve servire all'uomo.

Capitolo tre

Seguendo l'esempio di Gesù

Per tre orribili giorni si trovò a combattere tra la vita e la morte. A un certo punto, bollente per la febbre, Jorge Bergoglio – allora ventunenne – abbracciò la madre e le chiese disperato:

« Dimmi, che cosa mi succede? » La donna non seppe che rispondere, visto che perfino i medici sembravano sconcertati. Alla fine gli diagnosticarono una polmonite grave. Gli furono trovate tre cisti che, una volta passata la crisi violenta e dopo un periodo prudenziale d'attesa, gli vennero asportate attraverso l'ablazione della parte superiore del polmone destro.

Tutti i giorni gli iniettavano un liquido fisiologico per lavare la pleura e le cicatrici, che veniva poi drenato attraverso un tubicino. I dolori erano tremendi.

Quelli che lo andavano a trovare gli dicevano: « Non ti preoccupare, passerà » oppure: « Vedrai come sarà bello tornare a casa », ma Bergoglio mal sopportava quelle frasi di circostanza. Finché una persona, abbandonate le frasi fatte, ebbe il potere di confortarlo realmente. Era la suora che lo aveva preparato per la Prima Comunione e di cui lui aveva sempre conservato un ottimo ricordo: sorella Dolores. « Mi disse una cosa che mi rimase impressa definitivamente e che mi diede un grande senso di pace: 'stai seguendo l'esempio di Gesù' ». Non ci fu bisogno di aggiungere che quella frase era stata per lui una grande lezione su come bisogna affrontare cristianamente il dolore.

La quantità di particolari con cui ci aveva raccontato il fatto, nonché il tono di voce più pacato del solito ci fecero capire fino a che punto fosse stato segnato dall'aver affrontato la morte così giovane. Da quell'esperienza gli è rimasta una deficienza polmonare che, pur non condizionandolo pesantemente, gli fa sentire il proprio limite umano. Di certo quell'episodio rafforzò la sua capacità di discernere le cose importanti della vita da quelle accessorie. E irrobustì la sua fede. Possiamo considerare allora il dolore come una benedizione se lo affrontiamo cristianamente? Bergoglio rispose in questi termini: « Il dolore non è una virtù in sé, ma può essere virtuoso il modo in cui lo affrontiamo. La nostra vocazione è alla pienezza e alla felicità e, in questa ricerca, il dolore rappresenta un limite. È per questo che è possibile capire in pieno il senso del dolore solo attraverso il dolore di Dio fatto Cristo ».

Continuando a parlare del modo in cui affrontiamo le diverse situazioni gli venne in mente un dialogo tra un credente e un agnostico del romanziere francese Joseph Malègue. L'agnostico dice che per lui la questione è se Cristo non fosse stato Dio, mentre per il credente il problema è che cosa sarebbe successo se Dio non si fosse fatto Cristo, cioè se non fosse sceso in terra a mostrarci il cammino. « Per questo – commentò – il concetto chiave è quello della croce come seme della resurrezione. Qualunque tentativo di sopportare il dolore sarà solo parziale se non si basa sulla trascendenza. Capire e vivere il dolore nella sua pienezza è un dono. E ancora di più: vivere con pienezza è un dono ».

La Chiesa non insiste troppo sul dolore come percorso di avvicinamento a Dio e troppo poco sulla gioia della resurrezione?
Ci sono stati periodi in cui effettivamente l'argomento della sofferenza è stato esageratamente accentuato. Mi viene in mente uno dei miei film preferiti, *Il pranzo di Babette*, dove si vede un caso tipico di esagerazione dei limiti negativi. I protagonisti del film appartengono a un mondo calvinista e puritano talmente austero che anche la redenzione di Cristo viene vista come una negazione delle cose di questo mondo. All'arrivo di un alito di libertà, costituito dalla sontuosità di una cena, tutti ne rimangono trasformati. Era una comunità che non sapeva che cosa fosse la felicità. Viveva schiacciata dal dolore. Stava attaccata a una parvenza di vita. Aveva paura dell'amore.

Ma l'emblema principale del cattolicesimo è un Cristo crocifisso che gronda sangue...
L'esaltazione della sofferenza da parte della Chiesa varia a seconda delle epoche e delle culture. La Chiesa ha sempre rappresentato Cristo in relazione al momento culturale in cui viveva. Se guardate le icone orientali, quelle russe per esempio, trovate che sono poche le immagini del Cristo sofferente. Sono molto più numerose quelle della resurrezione. Al contrario, se diamo un'occhiata al barocco spagnolo o peruviano scopriamo un Cristo straziato, perché il barocco enfatizzava la passione di Gesù. La *Crocifissione bianca* di Chagall, un ebreo credente, non è crudele, ma è ricca di speranza. Mostra un dolore pieno di serenità. Per me è una delle cose più belle che Chagall abbia mai dipinto.

(Arrivati a questo punto Bergoglio fece una diversione su un te-

ma più leggero, forse per rendere meno cupa la nostra chiacchierata.)
Posso raccontare una storia che cade a proposito?

Certo.
È la storia di un ragazzino ebreo che veniva cacciato per indisciplina da tutte le scuole che frequentava. Finché un altro ebreo consiglia al padre di iscriverlo a un « buon collegio di preti », aggiungendo che lì gli avrebbero sicuramente fatto mettere la testa a posto. Il padre accetta il consiglio. Passa un mese e il bambino si comporta benissimo, non riceve neppure una nota di biasimo. Lo stesso capita nei mesi successivi. Vinto dalla curiosità, il padre va a trovare il rettore per sapere come avesse fatto a metterlo in riga. « È stato molto semplice » gli risponde il sacerdote. « Non appena è arrivato qui, l'ho preso per un orecchio e gli ho detto, indicandogli il crocifisso: 'Questo era ebreo come te: se non ti comporti bene farai la stessa fine' ».

(Ridemmo, ma la storiella non bastò a farci desistere dall'argomento e tornammo alla carica.)

Non si può negare comunque che la Chiesa abbia per duemila anni indicato il martirio come via verso la santità.
Non bisogna fare confusione: parlare di martiri vuol dire parlare di persone che diedero testimonianza della loro fede fino alla fine, e cioè fino alla morte. Dire che la mia vita « è un martirio » dovrebbe significare che « la mia vita è una testimonianza di fede ». Oggi, però, si associa questa idea a qualcosa di cruento. Basandosi solo sulla parte finale della vita di alcuni di questi testimoni, il termine è diventato sinonimo di dare la vita per la fede. Il suo si-

gnificato è stato, per così dire, «diminuito». La vita cristiana è dare testimonianza di fede con allegria, come faceva Gesù. Santa Teresa di Avila diceva che un santo triste è un triste santo.

Bisogna dar prova di allegria anche quando la Chiesa invita alla penitenza e al sacrificio come forma di espiazione?
Proprio così. Si può digiunare o adottare qualunque altra forma di privazione e continuare a progredire spiritualmente senza perdere la serenità e l'allegria. Ma, attenzione, non bisogna cadere nell'eresia del pelagianismo, in quella forma di autosufficienza per cui io mi purifico se faccio penitenza e quindi tutto diventa penitenza. Nel caso del dolore il problema è che in certi casi viene affrontato in maniera sbagliata. In ogni modo, a me non piace molto parlare di teorie di fronte a persone che si trovano in situazioni difficili. Mi viene in mente quel passaggio del Vangelo in cui una samaritana, che ha già avuto cinque matrimoni fallimentari e ancora non sa darsi pace, incontra Gesù e lo affronta parlando di teologia. Il Signore la rimette subito con i piedi per terra, le parla del suo problema, la pone di fronte alla verità e con questo le impedisce di perdersi in vuote riflessioni teologiche.

Che effetto le fa lo spettacolo di una vita che si spegne a causa di una penosa malattia?
Resto muto. La cosa che mi viene spontanea è rimanere zitto e, a seconda del grado di confidenza, prendere la mano del malato. E pregare per lui perché il dolore fisico, come quello spirituale, è una cosa interiore, inaccessibile agli altri, che comporta una dose di solitudine. Quel che una persona ha bisogno di sapere è che c'è qualcuno accanto a lui che rispetta il suo silenzio e che

prega perché Dio entri in quello spazio che è pura solitudine. Mi torna in mente un altro film in cui una donna ingiustamente condannata a morte si avvicina al patibolo. Dato che era un'impresaria legata al mondo del jazz, la secondina la accoglie con della musica a tutto volume. La donna a quel punto ha una crisi isterica e chiede di fermare la musica. Non vuole quella artificialità, ma mostra il desiderio ricorrente della nostra società di camuffare la propria solitudine. Questa storia indica anche un'altra cosa: la tendenza che ha la nostra società a occultare la morte.

In che senso?
Voglio dire che è una storia la quale mette in ridicolo certe culture edoniste che arrivano perfino a truccare i cadaveri o a metterli in posa seduti durante le veglie funebri. Non succede spesso, ma succede. La stessa cosa si può dire di alcuni cimiteri che sono musei, opere d'arte, luoghi di grande bellezza. Tutto questo per dissimulare il dramma che c'è dietro.

A proposito, le capita mai di pensare alla sua morte?
È da tempo che la morte è una mia compagna di vita quotidiana.

Perché?
Ho già compiuto settant'anni e il filo che resta nel rocchetto non è tanto. Non ne vivrò altri settanta e comincio a pensare al fatto che dovrò lasciare tutto. Ma lo prendo come una cosa normale. Non sono triste. Ho solo il desiderio di essere giusto con tutti, di mettere alla fine tutte le cose a posto. Anche se non mi è mai venuto in mente di fare testamento. Però la morte sta tutti i giorni nei miei pensieri.

Capitolo quattro

La primavera della fede

Fu un grande dono quello che lo raggiunse improvvisamente quando aveva 17 anni. Era il 21 di settembre e come molti altri giovani Jorge Bergoglio si apprestava a uscire per festeggiare assieme ai suoi compagni il Giorno dello Studente. Prima di questo, però, da buon cattolico praticante che frequentava la chiesa di San José de Flores, decise di iniziare la giornata passando dalla parrocchia.

Al suo arrivo trovò un sacerdote che non conosceva, ma che gli fece subito una grande impressione e a cui chiese di potersi confessare. Con sua grande sorpresa, scoprì che non si era trattata di una confessione come un'altra, bensì di un incontro capace di esaltare la sua fede e di fargli scoprire la sua vocazione religiosa, tanto che rinunciò ad andare alla stazione dove avrebbe incontrato i suoi amici, ma tornò a casa con una convinzione ferma: voleva, doveva, diventare sacerdote.

« Mi successe una cosa strana durante quella confessione, non so che cosa esattamente, ma mi cambiò la vita; direi che mi son lasciato sorprendere con la guardia bassa » ricorda a più di cinquant'anni di distanza. In realtà, oggi Bergoglio ha una interpretazione di quello sconcerto: « Fu la sorpresa, lo stupore di un incontro, mi resi conto – dice – che mi stavano aspettando. È questa l'esperienza religiosa: lo stupore di incontrare qualcuno che ti sta aspettando. Da quel momento, per me Dio è colui che ti «anticipa». Tu lo stai cercando, ma è Lui a trovarti per primo. Lo vuoi incontrare, ma è Lui che ti viene incontro per primo» e aggiunge che non fu solo lo «stupore dell'incontro» a stimolare la sua vocazione religiosa, quanto il modo misericordioso con cui Dio lo chiamò, un modo che si sarebbe trasformato, col passare degli anni, nella fonte d'ispirazione del suo ministero.

Eppure dovette passare del tempo prima del suo ingresso in seminario. «La questione si chiuse lì» precisa, visto che terminò gli studi superiori e continuò a lavorare nel laboratorio di analisi bromatologica, senza confidare a nessuno la decisione presa. Per quanto non avesse dubbi sulla propria vocazione religiosa, negli anni successivi attraversò una crisi di maturazione che lo portò a passare momenti di solitudine. Bergoglio dice che si trattava di una «solitudine passiva», del tipo che capita senza nessun motivo apparente o per una crisi o per un lutto, a differenza della «solitudine attiva» che si può provare quando ci si trova di fronte a delle decisioni importanti. Da quell'esperienza imparò a convivere con la solitudine. Compiuti 21 anni, decise infine di entrare in seminario e optò per quello dei gesuiti.

Come mai scelse di diventare sacerdote gesuita?
In realtà non avevo le idee molto chiare su dove dirigermi. La cosa su cui non avevo dubbi era la mia vocazione. Dopo essere passato per il seminario dell'arcidiocesi di Buenos Aires entrai nella Compagnia di Gesù attratto dalla sua immagine di «prima linea» della Chiesa, per usare un termine militare, sottoposta comunque a obbedienza e disciplina. E per il fatto che avevano una voca-

zione missionaria. Dopo un po' ebbi la tentazione di andare in missione in Giappone dove i gesuiti stavano realizzando da anni un lavoro molto importante, ma a causa del problema di salute che mi portavo dietro fin dalla gioventù non riuscii a ottenere il permesso. C'è gente qui che si sarebbe 'salvata' da me se mi avessero lasciato andare là... O no? *(Risate)*.

Come reagì la sua famiglia alla notizia che lei si sarebbe fatto prete?
Per prima cosa lo dissi a mio padre e lui reagì bene. Anzi, mi disse che ne era felice. Mi chiese soltanto se fossi davvero sicuro della mia decisione. Fu lui a dirlo a mia madre che, come ogni buona madre, già se lo sentiva. Anche se la sua reazione fu diversa: «Non so, non ti ci vedo... Dovresti aspettare un po'... Sei già grande... Continua a lavorare... Finisci l'Università» mi disse. In realtà non l'aveva presa molto bene.

Bisogna riconoscere che lei andò a colpo sicuro scegliendo a chi dare per primo la notizia...
Ero sicuro che mio padre mi avrebbe capito meglio. Sua madre era stata una persona estremamente religiosa e lui aveva ereditato da lei quella religiosità e quella forza, unite al grande dolore dell'abbandono della propria terra. Per questo prese la notizia positivamente. Mia madre al contrario la vedeva come una perdita.

Quindi che cosa successe?
Quando entrai in seminario mia madre non mi accompagnò, non volle venire. Per anni si rifiutò di accettare la mia decisione. Non che litigassimo. Ma ci vedevamo solo quando tornavo a casa, mentre lei non veniva mai

a trovarmi al seminario. Quando finalmente riuscì ad accettare la cosa, mantenne comunque una certa riserva. Nel noviziato a Córdoba veniva a visitarmi. Attenzione, però: mia madre era una donna religiosa, praticante, però pensava che le cose fossero andate avanti troppo in fretta. Secondo lei una decisione del genere avrebbe dovuto richiedere molto più tempo per essere maturata. Ma rimase coerente: ricordo quando s'inginocchiò davanti a me alla fine della cerimonia del mio ordinamento sacerdotale, chiedendomi la benedizione.

Forse pensava che non fosse la strada giusta... che non sarebbe mai andato molto lontano...

Non so. Però ricordo bene quando diedi la notizia a mia nonna, che la conosceva già ma aveva deciso di far finta di niente. Mi disse: « Bene, se Dio ti chiama, che tu sia benedetto ». E subito dopo aggiunse: « Per favore, non dimenticare che la porta di casa è sempre aperta e che nessuno avrà nulla da rimproverarti se deciderai di tornare indietro ». Questo atteggiamento comprensivo e rassicurante nei confronti di uno chiamato ad affrontare una prova decisiva fu per me di grande insegnamento per sapere come pormi di fronte a persone sul punto di prendere una decisione importante nelle loro vite.

E comunque la sua decisione non fu poi così affrettata. Ci mise quattro anni a entrare in seminario.

Diciamo che Dio mi diede qualche anno di respiro. Di certo ero, come tutta la mia famiglia, un cattolico praticante. Ma i miei pensieri non erano esclusivamente rivolti alle questioni religiose: avevo anche delle tensioni politiche che comunque si riducevano al mero piano intellettuale. Leggevo *Nuestra Palabra* e *Propositos*, che erano pubblicazioni del Partito comunista. Mi piacevano soprattutto gli articoli di uno dei suoi membri più importanti, un personaggio rilevante del mondo della cultura, Leónidas Barletta, articoli che contribuirono alla mia formazione politica. Nonostante questo non fui mai comunista.

Quanto crede sia stata una decisione sua e quanto una «scelta da parte di Dio»?

La vocazione religiosa è una chiamata da parte di Dio nei confronti di un cuore che, consciamente o inconsciamente, la sta aspettando. Mi ha sempre colpito molto una lettura del breviario nella quale si dice che Gesù guardò Matteo con un atteggiamento che potremmo definire «di misericordia e di scelta». E fu proprio questa la maniera in cui io sentii Dio che mi guardava durante quella confessione. E questo è il modo in cui Lui mi chiede di guardare gli altri: con tanta misericordia e come se li stessi scegliendo per Lui. Senza escludere nessuno, poiché tutti sono scelti dall'amore di Dio. «Con misericordia e con scelta» fu anche il motto della mia consacrazione a vescovo ed è ancora uno dei punti focali della mia esperienza religiosa; l'impegno a essere misericordiosi e la scelta delle persone in base a una proposta. Proposta che potremmo colloquialmente sintetizzare così: «Guarda, ti chiamano per nome, sei stato scelto e l'unica cosa che ti viene chiesta è di lasciarti amare». Questa è la proposta che mi venne fatta.

Per questo dice che Dio ci «anticipa» sempre?

Certo. Dio si definisce al profeta Geremia con queste parole: «Sono il ramo del mandorlo». E il mandorlo è quello che fiorisce per primo a primavera. Anticipa tutti gli altri. Dice Giovanni che Dio ci ha amato per primo, in questo consiste l'amore, nel fatto che Dio ci ha amato per primo. Per me ogni esperienza religiosa che non abbia questa parte di stupore, di sorpresa per essere stati presi per mano nell'amore e nella misericordia è un'esperienza fredda, che non ci coinvolge per intero; è un'esperienza distante a cui manca ogni trascendenza. Va anche detto che col ritmo vertiginoso della nostra vita odierna, con la rapidità dei cambiamenti e la mancanza di uno sguardo a lungo termine, oggi è difficile vivere questa trascendenza. E invece nell'esperienza religiosa sono importanti anche i momenti di pausa, di ristagno della corrente. Mi ha sempre colpito quel che scrive Ricardo Güiraldes in *Don Segundo Sombra*: che tutta la sua vita era stata segnata dall'acqua. Da bambino assomigliava a un ruscelletto irrequieto tra le pietre, da adulto a un fiume impetuoso e da vecchio a un ristagno.

Ha qualche idea su come creare questi ristagni?
I ritiri spirituali sono come dei ristagni artificiali in cui si rallenta il ritmo della vita quotidiana per dare spazio alla preghiera. Attenzione, però: è la costruzione di quello spazio che è artificiale, non il ritiro. Un ritiro spirituale nel quale ti facciano ascoltare un nastro di behaviourismo religioso, cercando di produrre uno stimolo così da ottenere una risposta, non serve, non è una pausa per l'anima. L'incontro con Dio è una cosa che deve venire da dentro. Devo mettermi al cospetto di Dio e, con l'aiuto della Parola, andare avanti nella strada che Lui mi mostra. La questione di fondo che troviamo qui è quella della preghiera, e questo è uno dei punti che, secondo me, va affrontato con maggior forza.

La mancanza di «gore» è solo un problema di mancanza di tempo o deriva anche dal fatto che il credente mette in secondo piano le sue necessità spirituali?
Le mette in secondo piano finché non scivola su una buccia di banana e cade in terra. Finché non gli capita una malattia, una crisi, una delusione o magari qualcosa che aveva preventivato nella sua corsa al successo e che poi non si è verificata. Ricordo un episodio a cui ho assistito in un aeroporto che mi lasciò una grande tristezza. Eravamo nel momento in cui tutti i passeggeri, quelli della classe turistica e quelli di prima classe, si trovano assieme davanti al nastro trasportatore dei bagagli. Un momento in cui siamo tutti uguali, tutti stiamo aspettando qualcosa. È il nastro trasportatore che ci rende uguali.

All'improvviso uno dei viaggiatori, un noto imprenditore piuttosto avanti negli anni, incominciò a spazientirsi perché la sua valigia tardava. Non nascondeva affatto la stizza e faceva una faccia come per dire: «non sapete chi sono io. Non sono abituato a dover aspettare come un tizio qualunque». La prima cosa che mi sorprese fu che un anziano perdesse la pazienza.

Di solito i più impazienti sono i giovani, pur avendo tutta la vita davanti...
Siccome sapevo che vita conducesse e conoscevo il suo desiderio di replicare il mito di Faust, continuando a comportarsi come se avesse sempre trent'anni, mi intristì vedere una persona che non era riuscita a godersi la saggezza della vecchiaia. Che, invece di affinarsi come un buon vino, si era inacidito come uno cattivo. Infine, mi rattristò vedere qualcuno che, nonostante i molti successi, nella sostanza aveva fallito così miseramente. Uno che, pur possedendo tutto ciò che desidera, vivendo nel-

l'abbondanza e con tutte le carte in regola, al tempo stesso si infuriava tanto perché la sua valigia tardava ad arrivare. In fondo era una persona sola, che apparteneva al gruppo di quelli a cui il Signore offre la possibilità di essere felici in Lui e con Lui, pur senza essere sacerdoti o suore, e che, ponendo se stesso al centro dell'universo, era diventato aceto invece di un buon vino invecchiato. L'immagine del buon vino mi è molto utile come metafora per illustrare la maturità religiosa e quella umana, che vanno sempre di pari passo. Se a livello umano uno si ferma all'adolescenza, lo stesso succede anche alla sua dimensione religiosa.

Per lei come deve essere l'esperienza della preghiera?
A mio parere dovrebbe essere, in qualche modo, un'esperienza di resa incondizionata, di abbandono, un momento in cui tutto il nostro essere entra in contatto con Dio. È lì che si realizzeranno il dialogo, l'ascolto, la trasformazione. Guardare Dio, ma soprattutto sentirsi guardati da Lui. Per quanto mi concerne, a volte l'esperienza religiosa nella preghiera si realizza quando recito a voce alta il Rosario o i salmi. Oppure quando celebro con gioia l'Eucaristia. Ma il momento in cui la vivo con particolare intensità è quando mi pongo davanti al tabernacolo. A volte mi addormento seduto lasciandomi guardare. Mi sento come se fossi nelle mani di un altro, come se Dio mi stesse tenendo per mano. Credo che si debba arrivare all'alterità trascendente del Signore, che è Signore di tutto, ma rispetta sempre la nostra libertà.

Come valuta la sua vita e il suo ministero davanti a Dio?
Non faccio per vantarmi, ma la verità è che sono un peccatore che la misericordia di Dio ha amato in modo pri-

vilegiato. Fin da quand'ero giovane la vita mi ha affidato incarichi di responsabilità – appena ordinato sacerdote sono stato nominato maestro dei novizi e due anni e mezzo dopo provinciale della Compagnia di Gesù – e ho dovuto imparare strada facendo, partendo dai miei errori, perché sì, ho commesso molti errori. Errori e peccati. Sarebbe ipocrita, da parte mia, dire che oggi chiedo perdono dei peccati e delle offese che potrei aver arrecato. Oggi chiedo perdono dei peccati e delle offese che ho realmente commesso.

Che cosa si rimprovera maggiormente?
Ciò che più mi fa male è di non essere stato abbastanza comprensivo e giusto. Nelle orazioni mattutine, al momento delle invocazioni, imploro di essere comprensivo e giusto, e poi chiedo parecchie altre cose legate agli errori che posso compiere lungo il mio cammino. Il fatto è che desidero immergermi nella misericordia, nella bontà interpretativa. Ma, torno a ripeterlo, sono sempre stato amato da Dio, che mi ha rialzato dopo le cadute lungo il mio cammino, mi ha aiutato a percorrerlo, soprattutto nelle tappe più dure, ed è così che, poco a poco, ho imparato. A volte nell'affrontare un problema mi sbaglio, mi comporto male e poi devo tornare indietro a chiedere scusa. Nonostante tutto, mi fa bene, perché mi aiuta a comprendere gli errori degli altri.

Qualcuno può pensare che un credente arrivato a essere cardinale abbia le idee molto chiare...
Non è vero. Non ho tutte le risposte e neppure tutte le domande. Ogni volta mi pongo nuove domande, ma ne nascono sempre altre. Bisogna procedere elaborando le risposte a seconda delle diverse situazioni in cui ci tro-

viamo, a volte anche attendendo che arrivino da sole. Confesso che, in generale, per colpa del mio temperamento la prima risposta che mi viene è quella sbagliata. Di fronte a una situazione, la prima cosa che mi viene in mente è ciò che invece non va fatto. È curioso, ma a me succede così, per cui ho imparato a diffidare della mia prima reazione. Una volta più tranquillo, dopo essere passato per il crogiolo della solitudine, mi avvicino a ciò che devo fare. Ma nessuno si salva dalla solitudine delle decisioni. Si può chiedere un consiglio ma, alla fin fine, uno deve decidere da solo, e con le decisioni che si prendono si può fare molto male. Si può essere molto ingiusti. Ecco perché è così importante raccomandarsi a Dio.

Capitolo cinque

Educare a partire dal conflitto

Era la sua materia preferita e la sapeva benissimo, eppure lo rimandarono perché non aveva fatto un compito e, in quel momento, intuì che farsi promuovere non sarebbe stato semplice. Che non glielo avrebbero reso facile. Una premonizione che si rivelò azzeccata non appena si trovò davanti ai professori che dovevano esaminarlo. «Allora ragazzo, vediamo... che argomento scegli?» gli chiese uno dei suoi insegnanti. «Nessuno!» rispose al posto suo il professore, e aggiunse, tra lo sconcerto dei presenti: «Parlerà di tutto il programma svolto». Un terzo docente, per cercare di alleggerire la situazione, disse ironicamente: «La cosa buona è che nulla sarà stato studiato inutilmente».

Dal fondo dell'aula si levò un mormorio e uno dei compagni, laconicamente, pronosticò: «Lo crocifiggeranno». Tuttavia gli insegnanti non interruppero l'esposizione del ragazzo, né fecero domande. Alla fine il suo professore disse: «Ti meriteresti un dieci, ma dobbiamo darti nove, non per punirti, ma perché tu impari che la cosa importante è compiere il proprio dovere ogni giorno; svolgere il lavoro in maniera sistematica, senza permettere che diventi routine; costruire mattone dopo mattone, invece che seguire l'impulso d'improvvisare che tanto ti piace».

Il professore era Jorge Bergoglio e l'alunno Jorge Milia, che racconta questo episodio nel suo libro di memorie, *De la edad feliz*, scritto quarant'anni più tardi. «Non ho mai dimenticato quella lezione, che ho ancora ben presente, né ho mai pensato che mi avessero trattato ingiustamente» racconta sinceramente Milia nelle sue pagine, dove racconta gli anni in cui studiò presso il collegio dell'Immacolata Concezione, a Santa Fe, retto dai gesuiti. Un istituto che, a metà del secolo scorso, giunse a godere di una notevole reputazione, tanto che molte famiglie tradizionali, non solo di Santa Fe, ma anche di altre provincie e addirittura di Paesi vicini, mandavano i propri figli a studiare lì.

Presso quell'istituto l'allora padre Bergoglio fece la sua prima esperienza come professore, continuando poi nel collegio del Salvador, a Buenos Aires. «Prima di entrare in seminario avevo studiato chimica, per cui pensai che mi avrebbero affidato una materia scientifica, e invece no, mi diedero da insegnare psicologia e letteratura. Psicologia l'avevo studiata alla facoltà di Filosofia e mi risultava facile, ma per quanto riguarda letteratura, che pure mi piaceva molto, dovetti prepararmi durante l'estate» spiega Bergoglio.

Ricorda che cercò di dare lezioni «il più elastiche possibile: sceglievo un autore e un'epoca, ma se qualcuno ne preferiva un altro dello stesso periodo, o anche di un periodo diverso, lo lasciavo andare avanti. Per esempio, quando diedi da studiare il *Cid*, un alunno mi disse che gli piaceva di più la poesia che Machado aveva composto sullo stesso tema e gli risposi 'che andasse pure avanti' con Machado. Il fatto è che ai ragazzi piaceva cercare cose osé in Machado e facevano a gara a chi ne trovava di più. Io li lasciavo fare» insiste.

Nel suo libro, Milia ricorda quel metodo didattico:

«Temevamo che studiare il *Cantar de mio Cid* fosse un po' come affrontare i mulini a vento del *Don Chisciotte*, ma non andò come previsto; la cosa buona di Bergoglio era che con lui non esistevano porte chiuse e chi ebbe voglia di esplorare quel monumento che è la lingua spagnola lo poté fare in ogni aspetto che gli venisse in mente, senza eufemismi né condizionamenti».

Bergoglio aggiunge che, per stimolarli, faceva scrivere ai suoi alunni dei racconti e durante un viaggio a Buenos Aires li mostrò addirittura a Jorge Luis Borges. «Gli piacquero e ne incoraggiò la pubblicazione, promettendo di scrivere il prologo» sottolinea. E così fu: vennero pubblicati con il titolo di *Cuentos originales*.

Milia, che ne aveva scritto uno, racconta commosso questa esperienza, esattamente come narra di quella vissuta quando Bergoglio portò proprio Borges a tenere una lezione a Santa Fe, come aveva già fatto con altri autori.

Nel ricordo degli alunni, raccolto da Milia, il nuovo insegnante «non appariva un guerriero, ma qualcosa rivelava il suo carattere. Allegro, con un viso giovanile, per un breve periodo fu soprannominato 'bel faccino': ma non era altro che una maschera; dietro c'era l'uomo metodico, perseverante, la 'mano' di Cristo nella Compagnia di Gesù, che si era posto l'obiettivo di tirar fuori il meglio di noi». Milia aggiunge che, dopo quella tappa scolastica e la partenza di Bergoglio per altre destinazioni, «nonostante le importanti cariche raggiunte, ritrovai sempre in lui l'amico, il maestro, il sacerdote, l'uomo cosciente del proprio dovere e della propria missione di dare testimonianza di fede, ma sempre con un profondo senso dell'umorismo».

Sentimenti ricambiati. «Li ho amati molto – scrive Bergoglio nel prologo del libro quando ricorda i suoi alunni –; non mi sono stati né mi sono indifferenti e non li ho mai dimenticati. Voglio ringraziarli per tutto il bene che mi hanno fatto, soprattutto per avermi obbligato e insegnato a essere più fratello che padre».

Dopo i ricordi e gli aneddoti sulla sua esperienza come professore, entrammo nel vivo del tema che ci eravamo prefissi di toccare questa volta: l'educazione. Cominciammo col dirgli che, secondo gli esperti, la scuola argentina è arretrata, ma al tempo stesso la società, che affronta un processo di cambiamento e incertezza, ha bisogno che questa istituzione, considerata una delle più credibili, continui a essere un punto di riferimento forte, uno dei pochi luoghi dove si cerca di mantenere vivo il principio di autorità.

Più concretamente gli chiedemmo:

Come può la scuola trovare il difficile punto di equilibrio tra il restare ancorata al passato, che può essere un necessario punto di riferimento, e la necessità di educare a un mondo diverso, immaginando il futuro in cui i ragazzi dovranno inserirsi?

Partiamo dagli alunni per arrivare alla scuola. Dico sempre che per educare bisogna tener ben presenti due realtà: l'ambito di sicurezza e la zona di rischio. Non si può educare solamente in base agli ambiti di sicurezza, e neppure solo in base alle zone di rischio; bisogna trovare una proporzione, non dico l'equilibrio, ma almeno una proporzione. L'educazione presuppone sempre un disequilibrio. Cominciamo a camminare quando ci rendiamo conto di ciò che ci manca, perché se non ci manca nulla non camminiamo.

In che cosa consisterebbe, allora, il sano disequilibrio educativo?
Bisogna camminare con un piede nell'ambito di sicurezza, cioè in tutto ciò che è acquisito e assimilato dal ragazzo, ciò che gli dà sicurezza e lo fa sentire a suo agio. Con l'altro piede bisogna invece sondare anche le zone di rischio, che devono essere proporzionate a quella di sicurezza, alle idiosincrasie del singolo, al suo contesto sociale. In questo modo la zona di rischio si trasforma in un ambito sicuro e, procedendo in questo modo, si avanza nell'educazione. Senza rischio non si va avanti, ma non si avanza neppure rischiando troppo.

Questo ha a che vedere con ciò che lei chiama « la cultura del naufragio »?
In parte sì, perché il naufrago affronta la sfida della sopravvivenza con creatività. O aspetta che vengano a salvarlo, o comincia a salvarsi da solo. Nell'isola dove giunge deve cominciare a costruirsi una capanna utilizzando le assi della barca affondata, insieme a nuovi elementi trovati sul luogo. La sfida di accettare il passato, anche se non sta più a galla, è utilizzare gli strumenti che offre il presente per affrontare il futuro.

Ci può fare l'esempio di un'esperienza concreta?
Sì, so di alcune scuole di Amburgo dove si è cercato di educare attraverso la libera spontaneità, senza regole fisse, senza tenere in considerazione gli ambiti di sicurezza. È stato un fallimento. A proposito, lo stesso ambito di sicurezza bisogna averlo anche all'interno della famiglia.

Alcuni sostengono che oggi, per gli adolescenti e i giovani in generale, sia molto difficile accettare l'educazione proveniente da adulti che non possiedono nessun tipo di sicurezza. Il ragazzo

non riconosce quell'autorità, in quanto chi gliela sta imponendo dubita di tutto, essendo inserito in una società che, di per se stessa, ci fa dubitare continuamente. E allora dove dobbiamo guardare per avere almeno qualche certezza e, di conseguenza, trasmettere sicurezza?
Bisogna partire dalle grandi certezze esistenziali. Per esempio, fare il bene ed evitare il male rappresenta una delle certezze morali più elementari. E poi ci sono certezze culturali e certezze sociali, ma conviene partire dalle grandi certezze esistenziali incarnate nella coerenza di vita e, da lì, procedere.

L'aspetto testimoniale può influire?
Moltissimo. Una certezza non è solamente un consiglio, una convinzione intellettuale, una frase. È anche una testimonianza, una coerenza tra ciò che si pensa, che si prova e che si fa. È fondamentale che pensiamo ciò che proviamo e facciamo, che proviamo ciò che pensiamo e facciamo, che facciamo ciò che pensiamo e proviamo. Che utilizziamo il linguaggio della testa, del cuore e delle mani.

Ci può fare un esempio?
Sì, certamente. Ci sono persone che hanno una cultura limitata, dal punto di vista dell'istruzione, ma hanno ben chiare tre o quattro certezze, voglio dire che le possiedono in maniera coerente, le testimoniano nella loro vita e, quindi, educano molto bene i propri figli. Mi viene in mente il caso delle donne paraguaiane, assolutamente straordinarie perché alla fine del XIX secolo si trovarono nella situazione di doversi arrendere e accettare la sconfitta o dire: «Il mio paese ha perso la guerra, ma non perderà la storia». Erano rimaste otto donne

per ogni uomo e, con un istinto di certezza storica, continuarono a educare i propri figli in modo da portare avanti una fede, una cultura, una lingua.

Forse la scuola dovrebbe individuare i valori permanenti e separarli da quelli che sono propri di una cultura o di certe abitudini sociali. Identificarli e non confonderli per evitare che, rimanendo legati ai secondi che col tempo vengono sostituiti da altri, si tolga validità ai primi.
È vero. Oggi parlare con il linguaggio di Cervantes farebbe solo ridere, ma i valori ispanici contenuti nella sua opera rimangono indubbiamente validi. In Argentina, per esempio, possiamo ritrovarli nel *Martín Fierro* o in *Don Segundo Sombra*. Si tratta degli stessi valori, semplicemente espressi in altro modo. A ogni cambio d'epoca, come ho già detto, si può applicare l'immagine del naufragio, perché ci sono cose che non ci servono più, cose passeggere e valori che vanno espressi in altro modo. E, naturalmente, pratiche che diventano intollerabili, francamente ripugnanti. Pensiamo per esempio al gran naufragio culturale derivato dall'abolizione della schiavitù. Fino a quel momento era considerato normale che degli uomini potessero essere venduti e comprati in un mercato.

Dunque lei ritiene che, al momento di scegliere il tipo di educazione che vogliono per i propri figli, anche quando scelgono una scuola religiosa, i genitori privilegino veramente la formazione basata sui valori? E le scuole, oggigiorno, sono all'altezza della situazione?
Penso che, in generale, i genitori che hanno maggiori possibilità di scelta si lascino convincere da una dinamica promozionale: « Questa scuola offrirà più strumenti funzionali » dicono, pensando, per esempio, alla preparazione nel-

l'informatica o all'approfondimento delle lingue, ma non si pongono troppo il problema dei valori. Al di là dell'importanza di offrire una buona proposta curriculare, questo tipo di richiesta porta alcune scuole a entrare in un meccanismo promozionale che trascura qualcosa di vitale importanza: l'aspetto formativo. Senza dubbio non sfuggono a un simile rischio neppure gli istituti scolastici retti da religiosi in generale e quelli cattolici in particolare.

Parlando di valori è inevitabile ricordare la vecchia figura del maestro, che dava l'esempio e le linee guida da seguire, che sapeva capire gli alunni e stabiliva un rapporto umano con ciascuno di loro.
Penso che l'educazione si sia 'professionalizzata' troppo. Senza dubbio è necessario rimanere aggiornati e l'atteggiamento professionale è sano, ma non deve far dimenticare l'altro modo di agire, quello di chi accompagna, di chi va incontro all'altro e considera l'alunno in tutti i suoi aspetti.

Mi può fare un esempio concreto, vissuto da lei in prima persona?
Sì, ricordo che all'inizio degli anni Novanta, quando ero parroco a Flores, rimase incinta una ragazza che frequentava il quarto o quinto anno della scuola Villa Soldati. Fu uno dei primi casi che si verificarono in quella scuola. C'erano varie opinioni sul modo di affrontare la situazione e tra queste si ipotizzava anche l'espulsione dalla scuola, ma nessuno si preoccupava di ciò che provava la ragazza. Lei temeva le reazioni e non permetteva a nessuno di avvicinarla, finché un insegnante giovane, sposato e con dei figli, un uomo per il quale nutro un profondo rispetto, si offrì di parlarle e cercare con lei

una soluzione. Quando la incontrò durante l'intervallo, le diede un bacio, la prese per mano e le chiese con affetto: « E così presto diventerai mamma? » e la ragazza scoppiò in un pianto a dirotto. Sentirlo così comprensivo l'aiutò ad aprirsi, a elaborare quanto le era successo. Le permise anche di giungere a una risposta matura e responsabile, che le evitò di perdere l'anno e rimanere da sola con un figlio ad affrontare la vita, ma comportò anche – perché questo era l'altro rischio – che le sue compagne la considerassero un'eroina per essere rimasta incinta.

Vuol dire che la soluzione fu trovata avvicinandola invece che rifiutandola?
Sì. Ciò che il professore fece fu proprio di andarle incontro. Ha corso il rischio che la ragazza gli rispondesse « e a lei che importa? », ma a suo favore aveva la sua grande umanità e il fatto di essersi avvicinato a lei con amore. Quando si pretende di educare utilizzando solo princìpi teorici, senza pensare che la cosa veramente importante è chi abbiamo di fronte, si cade in un fondamentalismo che ai ragazzi non serve a nulla, perché non assimilano gli insegnamenti non accompagnati da una concreta testimonianza di vita e dalla comprensione, per cui, a volte, dopo tre o quattro anni vanno in crisi, scoppiano.

Ha per caso una formula da suggerire per non cadere in un rigorismo freddo e distante nel trasmettere i valori, ma neppure nella demagogia di voler conquistare facilmente la simpatia degli alunni, applicando un relativismo che permette tutto?
Formule, nessuna. Ma forse ciò che sto per raccontarle può risultare utile. Dico sempre ai parroci che, quando stanno nel confessionale, non devono essere troppo rigo-

risti, ma neppure di 'manica larga'. Il rigorista è quello che applica sempre la regola. « La legge è questa e basta », dice. Il 'manica larga' invece la mette da parte. Pensa: 'Non importa, non è successo niente, la vita è così, va' pure avanti'. Il problema è che nessuno dei due si fa davvero carico di chi ha di fronte; se lo scrolla di dosso e basta. « E allora, padre, che dobbiamo fare? », mi domandano. E io rispondo loro: « Siate misericordiosi ».

L'attuale situazione della scuola in Argentina aiuta in tal senso?
Sicuramente no. Gli insegnanti sono sottopagati e un solo lavoro non gli basta per vivere. Inoltre nelle aule ci sono troppi ragazzi e i professori non riescono a stare vicino a ciascuno di loro. Ma non si tratta di un problema solo di adesso. In più il patto educativo è spezzato. Oggi i genitori, i docenti, gli alunni, i sindacati, lo Stato, le confessioni religiose non remano nella stessa direzione, come dovrebbe essere, e chi ne paga le conseguenze sono i ragazzi. C'è bisogno di un'azione concertata.

Secondo una statistica, il 68% degli errori compiuti dai professori si deve a motivi psicologici. Sono sotto pressione soprattutto perché molti genitori ignorano il proprio ruolo, facendo ricadere sulla scuola parte delle loro responsabilità.
È proprio così. Poco tempo fa ho ascoltato alcuni membri della vicaria dell'educazione dell'arcidiocesi raccontare che gli alunni cercano disperatamente di parlare con i professori: evidentemente avvertono la mancanza del dialogo in casa, si sentono in qualche modo abbandonati a se stessi. È importante far parlare i ragazzi, che hanno bisogno di orecchie, anche se sovente pensiamo ci raccontino delle sciocchezze. Eppure delle cento cose che dicono una li identifica come individui unici, ed è pro-

prio questo che vanno cercando: essere riconosciuti nelle proprie caratteristiche personali, sentire che qualcuno gli dica: «Tu sei così». A me interessa molto l'«età dei perché», quella in cui i bambini si aprono al mondo e si sentono profondamente insicuri. In questa fase il loro apprendimento è enorme, non a livello intellettuale, ma di conoscenza del posto che hanno in un mondo che li minaccia. Ciò di cui hanno bisogno, quindi, non è tanto una risposta esplicativa, ma di essere rassicurati dallo sguardo di mamma o papà; sentono la necessità di parlare perché loro li guardino, li identifichino. Ma questo succede anche più avanti.

Inoltre spesso gli insegnanti si sentono esautorati dai genitori che proibiscono loro di sgridare i propri figli...
Ai nostri tempi, e con questo non voglio dire che allora fosse meglio o peggio, quando arrivavamo a casa con una nota ce le davano di santa ragione. Ora, invece, molti genitori pensano che il problema sia il professore che l'ha messa la nota, e vanno a parlargli per difendere il figlio. Comportandosi in questo modo è evidente che tolgono autorità all'insegnante e l'alunno non lo rispetta più. Ma quando si toglie autorità, si toglie uno spazio di crescita. La parola autorità deriva dal latino *augere*, che significa «far crescere». Avere autorità non vuol dire reprimere. La repressione è una deformazione dell'autorità, che invece, nel suo corretto impiego, implica creare uno spazio che permetta alla persona di crescere. Qualcuno dotato di autorità è qualcuno capace di creare uno spazio di crescita.

Forse il termine è stato distorto...
Senza dubbio. È diventato sinonimo di «qua comando

io ». È curioso, ma quando il papà o il maestro devono dire « qua sono io quello che comanda » o »qui il superiore sono io« è perché hanno già perso autorità e allora cercano di attribuirsela con le parole. Proclamare che si ha il bastone del comando implica che non lo si ha più. Avere il bastone del comando non significa dare ordini e imporre, ma servire.

Capitolo sei

«Quando giocavo a fare Tarzan»

L'allora vescovo ausiliare di Buenos Aires, Jorge Bergoglio, chiuse la cartellina a cui stava lavorando nel suo ufficio presso l'arcivescovado e guardò l'ora. Lo aspettavano per un ritiro spirituale in un convento nei dintorni della città ed era appena in tempo per prendere il treno. Nonostante ciò non rinunciò a percorrere il breve tratto fino alla cattedrale. Come ogni giorno voleva pregare davanti al Santissimo Sacramento, anche se solo per pochi minuti, prima di continuare la sua intensa attività.

All'interno della chiesa si sentì sollevato dal silenzio e dal fresco, in netto contrasto con il caldo di quel torrido pomeriggio d'estate. Quando stava per uscire gli si avvicinò un giovane, che appariva psichicamente instabile, e gli chiese di confessarlo. Dovette fare uno sforzo su se stesso per nascondere un gesto di fastidio per il ritardo che questa circostanza implicava.

«Il ragazzo, di circa 28 anni, parlava come se fosse ubriaco, ma intuii che doveva essere sotto l'effetto di farmaci psichiatrici» ricorda Bergoglio. «Allora io – aggiunge –, il testimone del Vangelo, colui che stava facendo apostolato, gli dissi: 'Sta per arrivare un prete e ti confesserai con lui, perché io ho altro da fare'. Sapevo che il sacerdote non sarebbe arrivato prima delle sedici ma pensai che, essendo sotto psicofarmaci, l'uomo non si sarebbe accorto dell'attesa, e me ne andai tranquillamente. Ma dopo pochi passi provai una terribile vergogna, tornai indietro e gli dissi: 'Il padre tarderà; ti confesso io' ».

Bergoglio ricorda che, dopo averlo confessato, lo condusse davanti alla Madonna per chiederle che lo guarisse e poi pensò che il treno doveva già essere partito. « Ma arrivato in stazione scoprii che il treno aveva fatto ritardo e riuscii a prenderlo. Al ritorno non andai direttamente a casa, ma passai dal mio confessore, perché ciò che avevo fatto mi pesava. 'Se non mi confesso, domani non potrò celebrare messa' mi dissi. In parole povere, fu una circostanza in cui l'efficienza, l'efficacia, non tollerarono restrizioni ».

Il cardinale è molto severo nel giudicare se stesso. « In quel momento giocavo a fare Tarzan » commenta. Spiega che « era gennaio, l'arcivescovo di Buenos Aires, il cardinale (Antonio) Quarracino, era in viaggio. e io, in qualità di vicario generale, mi occupavo della diocesi. Al mattino seguivo le questioni della curia, alle due del pomeriggio andavo alla stazione di Once per prendere il treno fino a Castelar, dove stavo conducendo degli esercizi spirituali per alcune suore. Nutrivo – insiste – un'enorme presunzione e quindi stavo peccando, ma non me ne rendevo conto. In qualche modo mi dicevo: 'Guarda che bravo che sono, che grande, quante cose riesco a fare'. Il mio atteggiamento era pieno di superbia ».

Bergoglio raccontò questo episodio dopo che, in un nuovo incontro, gli ricordammo una frase che in quei giorni aveva ripetuto più volte: « Transitare la pazienza ». Che cosa voleva dire? Per la velocità con cui ci rispose, tanto che quasi non ci lasciò finire la frase, e l'enfasi che ci mise, comprendemmo che, senza saperlo, avevamo toccato un punto per lui molto importante.

« È un tema che ho affinato negli anni, dopo aver letto il libro di John Navone, un autore italiano americano dal titolo molto suggestivo, *Teologia del fallimento*, in cui si dice di come Gesù abbia adottato la pazienza. Nell'esperienza del limite – aggiunge –, nel dialogo con il limite, si forgia la pazienza. A volte la vita ci porta non a 'fare', ma a 'subire', sopportando (dal greco *hypomoné*) alle nostre limitazioni e a quelle degli altri. Transitare la pazienza – spiega – significa accettare che è il tempo a farci maturare. Transitare la pazienza vuol dire lasciare che il tempo modelli e amalgami le nostre vite ».

Non possiamo evitare, a questo punto, un riferimento alla realtà del Paese e chiedergli se non pensa che gli argentini spesso sembrino incapaci di esercitare la pazienza. E, invece di costruire lentamente il loro futuro, cerchino risultati immediati, tentino di trovare la 'scorciatoia', il cammino più breve... « In ultima analisi – ci risponde –, si tratta del contrasto tra via maestra e sentiero. Le scorciatoie piacciono a tutti, non solo agli argentini. Una scorciatoia – spiega – ha la componente etica di un inganno: per evitare la via maestra si sceglie il sentiero. Questo accade anche nelle piccole cose, quando evitiamo di sforzarci ».

Pensa che la pazienza richieda un apprendistato?
Sì. Transitare nella pazienza presuppone accettare che la vita sia proprio questo: un continuo apprendistato. Quando uno è giovane pensa di poter cambiare il mondo, ed è giusto, deve essere così. Ma poi, quando cerca meglio, nella propria vita e in quella degli altri scopre la logica della pazienza. Transitare nella pazienza significa accettare il tempo e permettere che gli altri facciano la loro vita. Un buon padre, esattamente come una buona

madre, è colui che interviene nella vita di suo figlio solo lo stretto necessario, per indicargli modelli di crescita, per aiutarlo, ma che poi sa essere spettatore degli errori propri e altrui, e li accetta.

La parabola del figliol prodigo potrebbe essere un esempio di quanto sta dicendo?
Si tratta di una parabola che mi colpisce sempre molto. Il figlio chiede la sua eredità, il padre gliela dà, lui va via, fa tutto ciò che gli passa per la testa e poi torna. Il Vangelo dice che il padre lo vede arrivare di lontano. Questo significa che deve essere rimasto alla finestra per vedere se lo scorgeva arrivare, cioè che lo ha aspettato pazientemente.

Questo mi ricorda quando eravamo bambini e facevamo volare l'aquilone in una piazzetta vicino a casa. Arriva il momento in cui l'aquilone comincia a fare un movimento a forma di otto e poi inizia a cadere; per evitare questo non bisogna tirare la corda. «Dagli spago, che scodinzola!» ci gridavano quelli che ne sapevano più di noi. Far volare l'aquilone assomiglia all'atteggiamento che bisogna avere nei confronti della crescita di una persona: a volte bisogna darle spago perché 'scodinzola'. Detto in altro modo, bisogna darle tempo. Dobbiamo riuscire a porre il limite al momento giusto, ma altre volte dobbiamo saper guardare dall'altra parte e fare come il padre della parabola, che permette al figlio di andarsene e sperperare la sua fortuna perché faccia esperienza.

E con noi stessi?
Anche. Dobbiamo lasciarci transitare nella pazienza. Soprattutto di fronte all'errore e al peccato, quando ci accorgiamo che abbiamo superato il nostro limite, quando siamo stati ingiusti o ignobili. Quel pomeriggio nella cat-

tedrale io non transitai nella pazienza, perché dovevo prendere il treno sul quale sono comunque riuscito a salire, perché era in ritardo. Si è trattato di un segno del Signore che mi ha detto: «Vedi che la storia l'aggiusto io». Quanto spesso nella vita conviene frenarsi, non voler aggiustare tutto in una volta! Transitare la pazienza presuppone tutto questo; significa rinunciare alla pretesa di voler risolvere tutto. Bisogna fare uno sforzo, ma dobbiamo comprendere che non possiamo fare tutto. Bisogna relativizzare un po' la mistica dell'efficacia.

Nel momento del dolore la pazienza aiuta?
Più che mai. Dobbiamo sapere che non si può partorire la vita senza dolore. Le donne non sono le uniche a soffrire nel mettere al mondo un figlio, perché tutti noi, in tutto ciò che merita realmente la pena e permette di crescere, dobbiamo passare attraverso momenti dolorosi. Dal dolore nasce la fecondità. Però, attenzione: non si tratta di avere un atteggiamento masochista, ma di accettare che la vita ci pone dei limiti.

Il cristiano, come altri credenti, dovrebbe essere tra i primi ad abbracciare la pazienza, perché confida nella volontà di Dio...
Attenzione, la pazienza cristiana non è quietista o passiva. È la pazienza di san Paolo, quella che implica portare sulle proprie spalle la storia. È l'immagine archetipica di Enea che, mentre Troia brucia, si carica il padre sulle spalle – *Et sublato montem genitore petivi* –, si carica la sua storia sulle spalle e si mette in cammino, alla ricerca del futuro.

Da lì viene un'altra delle frasi che lei tanto ripete: «caricarsi la patria sulle spalle»?
Non so, mi è uscita così.

Capitolo sette

La sfida di andare incontro alla gente

Arrivò il giorno in cui avremmo dovuto parlare più nello specifico di questioni religiose, di aspetti della dottrina cattolica e del modo in cui la Chiesa porta avanti il suo compito nel mondo di oggi. Ma da dove cominciare? Il tema è troppo ampio. Naturalmente non avevamo la pretesa di esaurirlo, ma solo di sondare il suo pensiero riguardo ad alcune questioni fondamentali, particolarmente pressanti. Una delle prime cose che emergono in famiglia o nelle chiacchiere al bar è quante persone si siano allontanate dalla religione e in particolare dalla Chiesa cattolica, spesso attratte dalle proposte delle comunità evangeliche. È noto il fenomeno di una sorta di 'privatizzazione' della fede, un'esperienza religiosa senza mediazione ecclesiastica – la versione popolare potrebbe essere 'credo in Dio, ma non nei preti' –, che accetta alcuni postulati e ne scarta altri, prestando poca attenzione alle pratiche di culto e agli impegni laicali.

Le generalizzazioni sono per propria natura inadeguate. Ben diversa è la realtà della Chiesa cattolica in Europa, dove si trova in seri problemi, da quella di alcune regioni dell'Africa e dell'Asia, dove vive invece un momento di notevole espansione, o dalla variegata situazione del cattolicesimo negli Stati Uniti. L'America Latina può però offrire una buona sintesi – anche se con sfumature proprie – di una serie di problemi, sulla base di un substrato cattolico eroso ma innegabile. Vero è che la scarsità di dati affidabili sull'evoluzione del numero di fedeli complica l'analisi, ma non è azzardato affermare – sulla base di stime effettuate da esperti del Consiglio Episcopale Latinoamericano (Celam) durante la conferenza di Aparecida – che negli ultimi decenni la Chiesa latinoamericana ha perso il 20% dei fedeli e che l'esodo – verso altre religioni oppure nessuna – in futuro sarà ancora maggiore.

In linea con la realtà del continente, pure in Argentina è diminuita la percentuale di fedeli cattolici, anche se in misura inferiore alla media. In un sondaggio a livello nazionale, realizzato all'inizio del 2008 dal *Consejo Nacional de Ciencia y Tecnología* (Conicet) in collaborazione con quattro università del Paese, il 76,5% degli intervistati si è dichiarato cattolico, mentre il censimento nazionale del 1960 – l'ultimo che aveva chiesto informazioni sul credo religioso – aveva rilevato che il 90,5% della popolazione aderiva a questa confessione religiosa. Nonostante un sondaggio non possa essere equiparato a un censimento, il confronto porta a stimare che in circa quattro decenni la Chiesa cattolica abbia perso il 14% dei fedeli. In altre parole, tre argentini su quattro sono cattolici (anche se – come in molti altri Paesi – meno del 10% dei fedeli partecipa alle funzioni *domenicali*).

La Chiesa sta svolgendo bene il suo lavoro?

Le parlerò della Chiesa argentina, quella che conosco meglio. Le Linee Pastorali per la Nuova Evangelizzazione, che noi vescovi abbiamo diffuso nel 1990, cominciavano proprio sottolineando l'importanza di una 'accoglienza cordiale'. La tentazione in cui noi sacerdoti rischiamo di cadere è quella di essere amministratori e non pastori. Ciò significa che, quando una persona va in parrocchia a chiedere un sacramento o per qualsiasi altro motivo, ad accoglierla non trova il prete ma la segretaria parrocchiale che, a volte, può essere una vera arpia. In una diocesi, per esempio, c'era una segretaria che i fedeli avevano soprannominato *la tarantola*. Il problema è che questo genere di persone non solo allontanano la gente da un determinato prete o da una determinata parrocchia, ma dalla Chiesa e da Gesù. Non dobbiamo dimenticare, infatti, che per molti la parrocchia dietro casa rappresenta la 'porta d'ingresso' alla religione cattolica.

Ben diversa è la situazione nella maggior parte delle comunità evangeliche, dove c'è cordialità, partecipazione e le persone vengono chiamate per nome... ma anche dove non si sta ad aspettare che la gente arrivi e la si va a cercare.

È fondamentale che noi cattolici – sia sacerdoti che laici – andiamo incontro alla gente. Una volta un prete molto saggio mi disse che ci troviamo di fronte a una situazione totalmente opposta a quella prospettata nella parabola del buon pastore, che aveva novantanove pecore nel recinto ma andò a cercare l'unica che si era smarrita: oggi ne abbiamo una nel recinto e novantanove che non andiamo a cercare. Sono sinceramente convinto che, al momento attuale, la scelta fondamentale che la Chiesa deve operare non sia di diminuire o togliere dei precetti, di rendere più facile questo o quello, ma di scendere in strada a cercare la gente, di conoscere le persone per nome. E non unicamente perché andare ad annunciare il Vangelo è la sua missione, ma perché se non lo fa si danneggia da sola.

Che cosa intende?
A una Chiesa che si limita ad amministrare il lavoro parrocchiale, che vive chiusa nella sua comunità, succede esattamente come a una persona reclusa: si atrofizza fisicamente e mentalmente. O si deteriora come una stanza chiusa, dove proliferano muffa e umidità. A una Chiesa autoreferenziale succede esattamente come a una persona autoreferenziale: diventa paranoica, autistica. È ovvio che se uno esce in strada gli può anche succedere di avere un incidente, ma preferisco mille volte una Chiesa incidentata a una Chiesa malata. In altre parole, voglio dire che una Chiesa la quale si limita solo a svolgere un lavoro amministrativo, a custodire il suo piccolo gregge, è una Chiesa che alla lunga si ammala. Il pastore che si isola non è un vero pastore di pecore, ma un «parrucchiere» di pecore che passa il suo tempo a mettere loro i bigodini, invece di andare a cercarne altre.

Come si potrebbe applicare tutto questo, per esempio, nelle grandi città come Buenos Aires?
Poco tempo fa ho spiegato a un giornalista italiano che, secondo i sociologi della religione, l'area d'influenza di una parrocchia ha un raggio di seicento metri, mentre a Buenos Aires la distanza tra una parrocchia e l'altra è, mediamente, di duemila metri. Pertanto ho proposto ai sacerdoti di affittare un garage e, se trovano un laico disponibile, di mandarlo lì perché rimanga con la gente, faccia catechesi e dia anche la comunione ai malati e a quanti la desiderano. Un parroco mi rispose che, se lo avesse fatto, i fedeli non sarebbero più andati a messa. «Com'è possibile!» esclamai. «E adesso vengono in molti?» gli domandai. «No» mi rispose. Andare incontro alla gente significa uscire un po' da noi stessi, dal recinto

dei nostri punti di vista che, se chiudono l'orizzonte che è Dio, possono rappresentare un ostacolo e porci invece in atteggiamento di ascolto. A ogni modo i sacerdoti sanno quali sono i loro doveri.

Lei afferma che questo vale anche per i laici...
Certo. Il problema, come facevo notare al giornalista italiano, è la clericalizzazione, perché sovente i preti clericalizzano i laici e i laici chiedono di essere clericalizzati. Si tratta di una complicità sbagliata, ma d'altro canto è vero che i laici hanno delle potenzialità le quali non sempre vengono sfruttare adeguatamente. Non dobbiamo dimenticare che per andare incontro alla gente è sufficiente il battesimo. Mi vengono in mente quelle comunità cristiane del Giappone che si ritrovarono senza sacerdoti per oltre duecento anni. Quando i missionari tornarono, trovarono tutti battezzati, catechizzati, sposati regolarmente in chiesa. Inoltre vennero a sapere che tutti quelli che erano morti avevano ricevuto un funerale cattolico. La fede era rimasta intatta per merito della grazia la quale aveva allietato la vita di quei laici che, pur avendo ricevuto solo il battesimo, avevano vissuto pienamente la propria missione apostolica.

Bisogna anche riconoscere che prima si poteva contare su una società molto più stabile da un punto di vista religioso, su fedeli che avevano 'ereditato' la fede e che, in misura maggiore o minore, seguivano i dettami della Chiesa. Oggi il 'mercato religioso' è più competitivo e la gente mette più in discussione gli orientamenti religiosi.
Alcuni mesi fa, a Buenos Aires, abbiamo presentato alcuni orientamenti per la promozione del battesimo che vanno proprio in questa direzione. Mi piacerebbe legge-

re ciò che abbiamo scritto nella presentazione: « La Chiesa, provenendo da un'epoca dove il modello culturale la favoriva, si è abituata al fatto che le sue istanze fossero disponibili e aperte a chi le venisse incontro, a chi ci cercasse. Si trattava di un sistema che in una comunità evangelizzata funzionava, ma nella situazione attuale la Chiesa deve trasformare le proprie strutture e modalità pastorali, orientandole in modo che siano missionarie. Non possiamo rimanere ancorati a uno stile 'clientelare', in attesa passiva che arrivi 'il cliente', il fedele, bensì avere strutture che ci consentano di andare dove hanno bisogno di noi, dove sta la gente, dove si trovano quanti, pur desiderandolo, non si avvicinerebbero a strutture e forme antiquate che non corrispondono alle loro aspettative, né alla loro sensibilità. Dobbiamo studiare, in maniera molto creativa, come renderci presenti nei vari ambienti della società, facendo sì che parrocchie e istituzioni siano di sprone a questi stessi ambienti. Dobbiamo riconsiderare la vita interna della Chiesa per andare incontro al fedele popolo di Dio. La conversione pastorale ci chiama a passare da una Chiesa che 'regolamenta la fede' a una Chiesa che 'trasmette e agevola la fede' ».

Tutto questo presuppone però un sostanziale cambio di mentalità...

Questo presuppone una Chiesa missionaria. Un alto membro della curia romana, che per molti anni era stato parroco, una volta mi disse che era addirittura arrivato a conoscere il nome dei cani dei suoi fedeli. Io non pensai che avesse una buona memoria, ma che fosse stato veramente un buon parroco. « Quand'anche ti facessero cardinale, non smetterai mai di essere ciò che sei » gli dissi. E così fu. Ci sono molti altri esempi analoghi. Il cardinale Casaroli, che arrivò a essere segretario di Stato del Vaticano, tutti i fine settimana si recava in un carcere minorile. Ci andava sempre in autobus, con il suo abito talare e la cartella. Un gesuita, che amava anche lui fare visita nelle carceri, mi raccontò che, quando aveva cominciato, si era molto sorpreso dello zelo apostolico di un sacerdote il quale insegnava il catechismo a quei giovani detenuti e giocava persino a calcio con loro. Ne rimase talmente colpito che cominciò a farsi confessare da lui e col tempo scoprì che era... Casaroli!

Non deve essere facile sottrarsi al rischio di diventare un burocrate.

No, ma è fondamentale evitarlo. Poco prima di morire Giovanni XXIII ebbe un lungo incontro con Casaroli e, quando questi stava per ritirarsi, il Papa gli chiese se continuava a visitare i ragazzi in carcere. « Non li abbandoni mai » gli raccomandò. Anche Giovanni XXIII era un pastore che usciva in strada. Quand'era patriarca di Venezia, ogni mattina alle 11 scendeva in piazza San Marco a celebrare quello che lui chiamava il 'rito dell'ombra', il quale consiste nel mettersi all'ombra di un albero o della tenda di un bar a bere un bicchierino di vino bianco, conversando alcuni minuti con i parrocchiani. Lo faceva come un veneziano qualunque e poi andava avanti con il suo lavoro. Questo è per me un pastore: qualcuno che va incontro alla gente.

Siamo d'accordo che non basta andare incontro alle persone, ma bisogna anche appassionarle. Non crede che alcuni sermoni pieni di paternali allontanino i fedeli?

Sicuramente. La gente se ne va quando non la si accoglie, quando non la si riconosce nelle piccole cose, quando non la si va a cercare. Ma anche quando non la si rende partecipe della gioia del messaggio evangelico, della felicità offerta dal vivere cristianamente. Non si tratta di un problema che riguarda solo i sacerdoti, ma anche i laici. Non è da buon cristiano cercare solo i lati negativi, quelli che ci separano. Non è questo ciò che Gesù desidera. Tutto ciò non solo spaventa e mutila il messaggio, ma significa anche non accettare le cose, mentre Cristo ha accettato tutto. Viene redento solo ciò che si accetta. Se non si ammette che nella società ci siano persone con opinioni diverse dalle nostre, se non addirittura contrarie, e non le rispettiamo, non preghiamo per loro, non le salveremo mai nel nostro cuore. Non dobbiamo permettere che le ideologie predominino sulla morale.

La Bibbia contiene i Dieci Comandamenti, ma anche le Beatitudini. Benedetto XVI una volta disse che la religione cattolica non è un 'catalogo di proibizioni'.

Sono assolutamente d'accordo. Si tratta di un concetto perfettamente chiarito nelle sue encicliche sulla carità e la speranza. D'altro canto, quando Benedetto XVI si recò in Spagna tutti pensarono che avrebbe criticato il governo di Rodríguez Zapatero per le sue divergenze con la Chiesa cattolica su varie tematiche. Qualcuno gli chiese addirittura se con le autorità spagnole avesse affrontato il tema del matrimonio omosessuale. Ma il Papa rispose di no, che aveva parlato solo di cose positive e che il resto sarebbe venuto in seguito. In qualche modo voleva suggerire che prima di tutto bisogna sottolineare le cose positive, quelle che ci uniscono e non quelle negative, che servono solo a dividere; la priorità va data all'incontro tra le persone, al camminare insieme. Così facendo, dopo sarà più facile abbordare le differenze.

Non pensa che, come contropartita, esista una crescente tendenza a una 'religione alla carta'? A scegliere il sacerdote che ci piace di più, i precetti che ci risultano meno scomodi?
Si tratta di una tendenza molto comune e che risponde all'attuale consumismo. Alcuni scelgono una messa per come predica il sacerdote, ma dopo due mesi dicono che il coro non è bravo e cambiano chiesa. C'è una sorta di svilimento del religioso a fatto puramente estetico, per cui nel supermercato religioso ci si sente liberi di cambiare corsia quando si vuole. La religione è vista come un prodotto di consumo ed è molto legata, a mio parere, a un certo teismo che si è diffuso grazie ai princìpi della New Age, dove si mescolano molto la soddisfazione personale, il relax e lo 'star bene'. Questo si nota soprattutto nelle grandi città, ma non si tratta di un fenomeno diffuso esclusivamente in ambienti colti. Nei quartieri più poveri a volte si cerca il pastore evangelico, perché 'mi tocca il cuore'.

È così grave che la gente scelga la messa che più la emoziona o il sacerdote che la entusiasma maggiormente?
O quello più in sintonia con la nostra ideologia perché, all'interno di questa 'religione alla carta', a volte si fanno scelte religiose basate sull'ideologia. Scelgo questa o quella messa perché il celebrante ha una 'buona dottrina', o perché questo o quel parroco sono 'più aperti' o 'più progressisti'. Tornando alla sua domanda, direi che la cosa grave sarebbe se tutto ciò impedisse l'incontro personale con Dio, se ostacolasse un'autentica esperienza religiosa. Credo ci sia questo alla base della 'religione alla carta' e ritengo si debba recuperare il fatto religioso come un movimento che ci porta all'incontro con Gesù Cristo.

A proposito, qual è la sua opinione sulla cosiddetta Teologia della Liberazione?
Si è trattato di un effetto interpretativo del Concilio Vaticano II. E, come ogni conseguenza di un cambiamento della Chiesa, ha avuto i suoi lati positivi e negativi, il suo equilibrio e i suoi eccessi. Come si ricorderà, Giovanni Paolo II affidò all'allora cardinale Ratzinger il compito di studiare la Teologia della Liberazione, che portò alla stesura di due successivi libriccini in cui la si descrive, si segnalano i suoi limiti (tra cui il suo rifarsi all'ermeneutica marxista della realtà), ma se ne dimostrano anche i lati positivi. In altre parole, la posizione della Chiesa al riguardo è molto varia.

Vuol dire che non ci fu una condanna in toto, come si ritiene comunemente?
Certo. Non parlerei neppure di una condanna in senso legale di certi aspetti, bensì di una segnalazione. La particolare attenzione nei confronti dei poveri è un messaggio molto forte del post concilio. Il che non significa che non fosse già stata affermata prima, ma il post concilio l'ha enfatizzata. La maggiore preoccupazione per i poveri, che negli anni Sessanta irruppe nel cattolicesimo, costituiva un brodo di coltura perfetto per qualunque ideologia. Il rischio era di snaturare una cosa che la Chiesa ha chiesto nel Concilio Vaticano II e che da allora non ha mai smesso di ripetere: bisogna trovare il cammino giusto per rispondere alla preoccupazione per i poveri, esigenza evangelica assolutamente imprescindibile e centrale, che ritengo sia stato individuato durante la conferenza dei vescovi di Aparecida.

Pensa quindi che alcuni teologi della liberazione abbiano sbagliato cammino?
Sicuramente ci sono state delle deviazioni, ma ci sono anche state migliaia di agenti pastorali, sacerdoti, religiosi, religiose, laici giovani, maturi e vecchi, che si sono impegnati come desiderava la Chiesa e che costituiscono il fiore all'occhiello del nostro lavoro, che sono la fonte della nostra gioia. Il pericolo di un'infiltrazione ideologica è via via scomparso, mentre cresceva la consapevolezza di una grande ricchezza del nostro popolo: la pietà popolare. Per me la cosa migliore che sia stata scritta sulla religiosità popolare è contenuta nell'esortazione apostolica di Paolo VI *Evangelii Nuntiandi*, ribadita all'interno del documento di Aparecida in quella che ritengo la sua pagina più bella. Più gli agenti pastorali scoprono la pietà popolare, più l'ideologia decade, perché si avvicinano alla gente e ai suoi problemi con un'ermeneutica reale, tratta dal popolo stesso.

Ma allora fino a che punto la Chiesa deve lasciarsi coinvolgere nella realtà, per esempio denunciando scene d'ingiustizia, senza cadere in una politicizzazione eccessiva?
L'importante è non mettersi nella politica di parte, ma nella grande politica che nasce dai Comandamenti e dal Vangelo. Denunciare le violazioni dei diritti umani, le situazioni di sfruttamento o esclusione, le carenze educative e alimentari non significa essere di parte. Il Compendio della Dottrina Sociale della Chiesa è pieno di denunce e non può certo dirsi di parte. Quando parliamo, alcuni ci accusano di fare politica. Io gli rispondo: sì, facciamo politica nel senso evangelico della parola, ma non siamo di parte. Ben altra cosa è quando uno si mette a fare politica apertamente di parte.

Capitolo otto

Il rischio di svilire il messaggio religioso

Nella conversazione precedente Bergoglio aveva formulato una definizione sicuramente molto importante: «Al momento attuale, la scelta fondamentale che la Chiesa deve operare non è di diminuire o togliere dei precetti, di rendere più facile questo o quello, ma di scendere in strada a cercare la gente». Sicuramente alludeva a un'opinione che circola sempre di più tra la società e anche tra molti fedeli: che il cattolicesimo dovrebbe modificare alcuni concetti e regole per «meglio adattarsi ai tempi attuali», se vuole evitare, si pensa, un'emorragia di fedeli. Tali domande si incentrano fondamentalmente su questioni di morale sessuale: i rapporti prematrimoniali, i metodi anticoncezionali, la prevenzione dell'Aids o la comunione ai cattolici divorziati e risposati. Riteniamo che la sua definizione valga la pena di essere approfondita.

Non ritiene che oggi esista un divario eccessivo tra certi precetti della Chiesa e il modo in cui vivono i cattolici?
Per rispondere devo fare un passo indietro. La nascita dell'etica, che fa parte dell'essere umano, è pre religiosa. Chiunque di noi, sia credente, agnostico o ateo, non può prescindere dal problema etico derivante dai princìpi più generali – primo fra tutti, «Fare il bene ed evitare il male» – fino ad arrivare a quelli più specifici. A mano

a mano che l'uomo scopre e pone in pratica tali princìpi riduce tale divario, che oserei definire un divario di crescita. Esiste però anche un divario contro-culturale, la filosofia del «non ti scaldare, fa lo stesso, tanto ci ritroviamo tutti all'inferno» di cui parla il tango Cambalache,* e che può annidarsi tanto nell'agnostico che nell'ateo o nel credente. Se si vuole, è il problema della doppia vita. O della doppia morale.

Per esempio?
Io mi dichiaro cattolico, ma non pago le tasse. O tradisco il mio coniuge. O non presto la dovuta attenzione ai miei figli. O metto mio padre o mia madre in una casa di riposo come se fossero un cappotto ritirato per l'estate o una borsa messa in naftalina, e non li vado mai a trovare. O rubo: 'faccio un ritocchino' alla bilancia o al tassametro perché segnino di più. Cioè vivo ingannando non solo lo Stato o la mia famiglia, ma anche me stesso. In generale quando si parla di doppia vita ci viene in mente uno che ha due famiglie, o un prete che ha una donna. Ma per doppia vita s'intende tutto ciò che va contro il giusto modo di vivere, contro i princìpi etici che stanno dentro di noi. In conclusione la sfida etica – come quella religiosa – passa attraverso la coerenza tra princìpi e condotta.

Dobbiamo convenire che su certe questioni c'è un'ampia accettazione sociale...
Direi che si tratta della svalutazione dei princìpi etici per giustificare il fatto di non averli rispettati. Per esempio –

* Celeberrimo tango composto da Enrique Santos Discepolo nel 1934. Satira del cinismo e della crisi dei valori. (*Ndt*)

e torno su una questione emblematica –, quando partecipo a un dibattito chiedo sempre ai presenti se pagano le tasse – perché è una domanda che va fatta – e molti rispondono di no. Una delle giustificazioni più ricorrenti è che lo Stato ruba quei soldi. «Me li tengo io e li do ai poveri, invece di vederli finire su un conto in Svizzera» mi rispondono. In questo modo si mettono in pace la coscienza senza farsi tanti problemi. Oggi sono pochi a pensare di fare affari usando solo la verità. Cercare di vendere qualcosa implica quasi sempre una buona dose di bugie e generalmente si pensa che ciò non costituisca un problema, perché «lo fanno tutti». Spesso diciamo «questo non va più» o «questo non è più di moda». Sono tutte espressioni che rappresentano una sorta di alibi, basato sulla cattiva condotta degli altri, per giustificare il fatto che stiamo violando dei princìpi etici.

Nonostante tutto, ci sono dei concetti e dei comportamenti che cambiano col passare del tempo e non necessariamente in peggio...

Il fatto è che in generale le culture fanno progressi nell'assimilare la coscienza morale. Questo non significa che sia la morale a cambiare. La morale non cambia, la portiamo dentro di noi e il comportamento etico fa parte del nostro essere. Significa solo che ogni volta lo manifestiamo meglio. Per esempio, ora si ha una crescente consapevolezza dell'immoralità della pena di morte. Prima si sosteneva che la Chiesa cattolica fosse favorevole o che, quanto meno, non la condannasse, mentre l'ultima versione del catechismo chiede, in pratica, che venga abolita. In altre parole si è acquisita una maggiore consapevolezza che la vita è talmente sacra che neppure un crimine tremendo può giustificare la pena di morte. Lo stesso potrebbe dirsi riguardo la schiavitù, ma ciò non implica che non continui a esistere sotto altre forme.

Che cosa intende?
Al presente abbiamo versioni occulte della schiavitù, ma crudeli quanto le precedenti. Oggi a nessuno verrebbe in mente di imbarcare schiavi su un aereo, a prescindere dal fatto che verrebbe subito arrestato. Ma al tempo stesso sappiamo che ci sono dei boliviani che entrano in Argentina per lavorare in aziende del Sud o in laboratori clandestini in aberranti condizioni di sfruttamento, e finiscono a vivere nelle baraccopoli della capitale federale o dei dintorni di Buenos Aires. O che ci sono delle donne dominicane portate qui per prostituirsi. Queste sono moderne forme di schiavitù. In ogni caso, insisto, siccome la coscienza morale delle culture va progredendo, anche le singole persone, se vivono rettamente, vanno affinando la propria coscienza, il che rappresenta un fatto non solo religioso, ma umano.

Secondo lei la Chiesa non insiste troppo su certi aspetti della condotta umana come quelli relativi alla morale sessuale?
La Chiesa predica ciò che ritiene sia meglio per le persone, ciò che le rende più piene, più felici. Ma sovente si ha un riduzionismo ignobile. Mi spiego: l'aspetto più importante della predica è l'annuncio di Gesù Cristo, che in teologia è detto *kerygma* e viene sintetizzato nel concetto che Gesù è Dio, si è fatto uomo per salvarci, ha sofferto, è morto, è stato sepolto ed è resuscitato. Questo è il *kerygma*, l'annuncio di Cristo, che provoca stupore, porta alla contemplazione e a credere. Alcuni credono immediatamente, come Maddalena; altri credono solo dopo aver dubitato a lungo e altri ancora hanno bisogno di

mettere il dito nella piaga, come Tommaso. Ciascuno ha il suo modo di arrivare a credere. La fede è l'incontro con Gesù Cristo.

Ma allora lei vuol dire che alcuni si preoccupano più delle questioni sessuali che del nocciolo del messaggio religioso?
Ci sto arrivando. Dopo l'incontro con Gesù viene la riflessione, che sarebbe il compito della catechesi. La riflessione su Dio, Cristo e la Chiesa, da dove si ricavano i princìpi e le condotte morali religiose che non sono in contraddizione con quelle umane, ma conferiscono anzi una maggiore pienezza. In generale osservo in alcune élite illuminate cristiane un deterioramento dello spirito religioso dovuto all'assenza di una vera esperienza di fede.

Per esempio in cosa lo nota?
Nel fatto che non si presti attenzione al *kerygma* e si passi direttamente alla catechesi, di preferenza in ambito morale. Basta ascoltare alcune omelie, che dovrebbero essere *kerygmatiche* con un pizzico di catechesi, ma finiscono invece per essere morali, se non addirittura *catechetiche*. E in ambito morale – anche se nelle prediche non quanto in altre occasioni – si preferisce parlare della morale sessuale e di tutto ciò che abbia un legame con il sesso. Questo si può, questo non si può. Questo è sbagliato, questo non lo è. E allora finiamo per dimenticare il tesoro di Gesù vivo, il tesoro dello Spirito Santo presente nei nostri cuori, il tesoro di un progetto di vita cristiana che ha molte implicazioni che vanno ben oltre le mere questioni sessuali. Trascuriamo una catechesi ricchissima, con i misteri della fede, il credo, e finiamo per concentrarci sul partecipare o no a una manifestazione contro un progetto di legge in favore dell'uso del preservativo.

Sembra che questi temi mobilitino certi fedeli molto più dell'andare ad annunciare il Vangelo...
In occasione della cosiddetta legge sulla salute riproduttiva, alcuni gruppi di élite illuminate volevano andare nelle scuole per coinvolgere gli studenti in una manifestazione contro quella norma, perché ritenevano che fosse fondamentalmente contraria all'amore. Che culturalmente l'amore si sia 'genitalizzato' è una certezza, tanto che in molti casi è diventato una questione di compravendita, di mero consumismo. Ma come arcivescovo di Buenos Aires mi opposi al fatto che i ragazzi partecipassero, ritenendo che non fosse giusto. Per me è più sacro un ragazzo che un problema legislativo. Proibii che coinvolgessero minori di 18 anni, ma permisi che si rivolgessero a quelli che potevano già votare. Questo di fatto riduceva drasticamente l'universo scolastico, visto che la maggior parte degli alunni ha meno di 17 anni. A ogni modo, alla manifestazione parteciparono alcuni collettivi di studenti di due scuole di Buenos Aires. Perché una simile fissazione? Quei ragazzi si ritrovarono in una situazione che non avevano mai visto: travestiti dall'atteggiamento aggressivo, femministe che cantavano slogan forti. In altre parole gli adulti trascinarono i ragazzi a vedere cose molto sgradevoli.

Senza dubbio avevano bisogno di far numero.
Sì, ma per questo non si deve ricorrere ai minori. I ragazzi non vanno usati. Voglio raccontare un aneddoto. Un seminarista dai concetti ideologici decisamente estremisti viene ordinato sacerdote. Pochi giorni dopo deve impartire la Prima Comunione alle bimbe di un collegio di suore. Che cosa poteva esserci di più bello che parlare loro della bellezza di Gesù? E, invece, prima della comu-

nione ricordò le condizioni per riceverla: digiuno di un'ora, essere in grazia di Dio e... non fare ricorso a metodi anticoncezionali! Erano tutte bambine vestite di bianco e venne rinfacciata loro la contraccezione. Questa è la distorsione a cui a volte si arriva. Questo è ciò che intendo quando parlo di svilimento della bellezza del *kerygma* a bieca morale sessuale.

Una questione molto controversa è il rifiuto da parte della Chiesa di impartire la comunione ai divorziati che si sono risposati. Che direbbe a quanti si trovano in tale situazione e soffrono perché non possono ricevere l'Eucaristia?
Che si integrino nella loro comunità parrocchiale, che vi operino, perché in una parrocchia ci sono molte cose che possono fare. Che cerchino di essere parte della comunità spirituale, come consigliato dai documenti pontifici e dal magistero della Chiesa. Il Papa ha detto chiaramente che la Chiesa li accompagna in questa situazione. È ovvio che ad alcuni rincresce di non poter fare la comunione ed è necessario spiegare bene le cose, anche se in alcuni casi risulta piuttosto complicato. Si tratta di una spiegazione teologica che alcuni sacerdoti sanno chiarire molto bene, così che la gente capisce.

Parliamo ora della battaglia contro l'aborto.
La pongo all'interno della battaglia in favore della vita, dal concepimento fino a una morte degna e naturale. Questo include l'assistenza alla madre durante la gravidanza, l'esistenza di leggi che proteggano la donna dopo il parto, la necessità di garantire un'adeguata alimentazione ai bambini, ma anche offrire cure sanitarie durante tutta la vita, occuparsi dei nostri nonni e non ricorrere all'eutanasia. Perché non si deve 'uccidere' nemmeno

con un'alimentazione insufficiente oppure con un'educazione assente o inadeguata, che sono altrettante forme di impedimento di una vita piena. Se c'è un concepimento da rispettare, c'è una vita da accudire.

Molti dicono che l'opposizione all'aborto sia una questione religiosa.

Ma va... Una donna incinta dentro la pancia non ha uno spazzolino da denti e nemmeno un tumore. La scienza insegna che fin dal momento del concepimento il nuovo essere possiede l'intero codice genetico. È impressionante. Non si tratta, quindi, di una questione religiosa, ma chiaramente morale e su base scientifica, perché ci troviamo in presenza di un essere umano.

Ma la valutazione morale di una donna che abortisce è la stessa di chi pratica l'aborto?

Non parlerei di valutazione. Però una donna che abortisce per chissà quali pressioni suscita in me molta più, non dico pena, ma compassione nel senso biblico della parola, cioè di comprendere ed essere solidale, di quei professionisti – o non professionisti – che agiscono solo per denaro e con una freddezza unica. Inoltre nelle cliniche che praticano clandestinamente l'aborto, se le « tolgono di torno » immediatamente, per paura di denunce o che compaia la polizia. Le rispediscono subito a casa e, se si dissanguano, « che non rompano le scatole ». Una simile freddezza contrasta con i problemi di coscienza, i rimorsi che, dopo qualche anno, tormentano molte donne che hanno abortito. Bisogna stare in un confessionale e ascoltare i loro drammi veri, perché sono consapevoli di aver ucciso un figlio.

La Chiesa, opponendosi alla diffusione dei metodi contraccettivi e, in alcuni luoghi, limitando l'educazione sessuale, non chiude forse una via che eviterebbe molti aborti?
La Chiesa non si oppone all'educazione sessuale. Personalmente sono convinto che bisognerebbe impartire questo genere di insegnamento durante tutto lo sviluppo dei ragazzi, adattandolo ai vari stadi d'età. In realtà la Chiesa ha sempre insegnato l'educazione sessuale, anche se ammetto che non sempre l'abbia fatto nel modo giusto. Ma al momento attuale, molti di quanti sventolano la bandiera dell'educazione sessuale la vivono comunque avulsa dalla persona. E allora, invece di poter contare su una legge che promuova l'educazione sessuale come metodo per arricchire le persone, in favore dell'amore, si cade in una legge in favore della genitalità. Questa è la nostra obiezione. Non vogliamo che l'essere umano venga degradato. Nient'altro.

Capitolo nove

Il chiaroscuro della coscienza

Non potevamo concludere la nostra conversazione sulla Chiesa senza parlare dei casi di abusi sessuali su minori commessi da sacerdoti e del futuro del celibato.

I numerosi casi di preti pedofili, esplosi principalmente negli Stati Uniti, hanno indotto la Santa Sede a cambiare radicalmente il proprio atteggiamento di fronte a simili gravissime situazioni, in modo da allontanare qualsiasi sospetto di insabbiamento e agire con estrema severità. Hanno però anche accentuato il dibattito sul tema del celibato, partendo da un'ipotetica relazione tra una cosa e l'altra. Dibattito che suole includere – tra gli argomenti più utilizzati – il problema della crescente scarsità di sacerdoti.

Per questo abbiamo ritenuto opportuno porre tre domande basilari: L'abolizione del celibato diminuirebbe i casi di abusi sessuali? Potrebbe portare a un aumento del numero dei sacerdoti? Nel medio-lungo termine sarà opzionale? Bergoglio non diede una risposta affrettata.

Dunque... Comincio dall'ultima domanda... se la Chiesa un giorno o l'altro rivedrà il tema del celibato... Innanzitutto devo dire che non mi piace fare l'indovino ma, nel caso la Chiesa decidesse di riformare tale norma, penso che non lo farebbe spinta dalla scarsità di sacerdoti. Non penso neppure che sarebbe una regola valida per tutti quelli che desiderino abbracciare il sacerdozio. Se, per ipotesi, si dovesse arrivare a farlo, sarebbe per una questione culturale, come succede in Oriente, dove vengono ordinati uomini sposati. Lì, in un'epoca determinata e in una cultura determinata, si è deciso di fare così e continua a essere così anche oggi. Insisto: se la Chiesa dovesse rivedere la norma, tratterebbe la cosa come un problema culturale di un luogo specifico, non in modo universale ma come un'opzione personale. Questo è il mio convincimento.

Ma un giorno o l'altro dovrà affrontare il tema...
Personalmente continuo a essere d'accordo con quanto detto da Benedetto XVI, cioè che il celibato vada conservato. Ne sono pienamente convinto. E ora veniamo a come si ripercuote sul numero delle vocazioni. Non sono sicuro che la soppressione del celibato possa provocare un aumento delle vocazioni tale da supplire all'attuale scarsità di sacerdoti. D'altro canto, una volta ho sentito un prete dire che l'eliminazione del celibato gli avrebbe permesso di non essere solo e di avere una moglie, ma avrebbe significato pure beccarsi una suocera... *(ride)*

Supponiamo che però la cosa presenterebbe anche altri vantaggi...
Al di là delle battute, sì, ci sarebbero anche molti vantaggi.

E che dire a quanti pensano che potrebbe prevenire le perversioni sessuali?
Il 70% dei casi di pedofilia si produce in un ambito familiare e di vicinato. Abbiamo letto cronache di bambini abusati dai propri papà, dai propri nonni, dai propri

zii e anche dai patrigni. Voglio dire, si tratta di perversioni di tipo psicologico che prescindono da una scelta di celibato. Se un prete è pedofilo, lo è perché porta dentro di sé tale perversione da prima dell'ordinazione. Né il celibato la può curare. O la si ha o non la si ha. Per questo bisogna porre molta attenzione nella scelta dei candidati al sacerdozio. Nel seminario metropolitano di Buenos Aires ammettiamo circa il 40% di quelli che presentano domanda e seguiamo con grande cura il loro processo di maturazione. Molti non hanno la vocazione e abbandonano il seminario, ma ciò non toglie che siano splendide persone le quali si sposano e diventano dei laici preziosissimi all'interno delle parrocchie.

Siete sempre stati così esigenti o lo siete diventati in seguito all'ondata di scandali?
Siamo così rigorosi già da molti anni. A tutti facciamo un test approfondito che permette un'attenta selezione. Una persona con una qualunque psicosi può avere un comportamento megalomane, disonesto o criminale. Ricordo il caso di un ragazzo che mostrava molte stranezze. Disposi che si facesse visitare da uno psichiatra, uno dei cinque più grandi interpreti dei test di Rorschach in Argentina, il quale affermò di essere in presenza di uno dei casi di psicosi paranoide più gravi che avesse mai visto. Però la selezione deve essere rigorosa non solo a livello umano, ma anche spirituale. Dobbiamo esigere una profonda vita di preghiera – chiedo sempre ai seminaristi come pregano – e un'altrettanto profonda dedizione agli altri e a Dio.

Al di là del problema delle vocazioni, continuano a esserci ab-

bandoni del ministero sacerdotale, causati soprattutto dal desiderio di sposarsi.

Il celibato è una scelta di vita, esattamente come lo sarebbe vivere in povertà. Ci sono momenti in cui può diventare difficile, per esempio se in parrocchia un sacerdote conosce una donna e pensa di essersi innamorato. Ai sacerdoti capitano situazioni, per così dire, di innamoramento. È normale. Rappresentano una croce e una nuova opportunità di riaffermare la propria scelta di Dio. Ma attenzione: bisogna saper distinguere tra un vero innamoramento, un semplice entusiasmo e una mera attrazione sessuale. Ci sono casi in cui il prete si innamora veramente e quindi deve riconsiderare il proprio sacerdozio e la propria vita. Allora va dal suo vescovo, lo informa – « Mi trovo a questo punto... non sapevo che avrei provato qualcosa di tanto bello... amo davvero questa donna... » – e chiede di abbandonare il ministero sacerdotale.

E lei che cosa fa di fronte a simili casi?

Sono il primo a essere vicino a un sacerdote che vive un momento del genere; non lo lascio solo, lo accompagno lungo tutto il cammino, nell'elaborazione spirituale di ciò che sta vivendo. Se è sicuro della propria decisione, lo aiuto anche a trovare un lavoro. Quel che non gli permetto è di condurre una doppia vita. Se non riesce a svolgere il suo ministero, lo invito a restare a casa mentre richiediamo a Roma 'la dispensa', il permesso, in modo che possa essere libero di ricevere il sacramento del matrimonio. Per nessun motivo deve scandalizzare la sua comunità, ferire l'animo dei suoi fedeli. La misericordia di Dio ha posto per tutti.

Però ci sono degli psicologi secondo i quali la Chiesa gioca molto sul senso di colpa, e sacerdoti che, dal canto loro, lamentano la perdita del senso del peccato.

Per me il sentirsi peccatori è una delle cose più belle che possano capitare a una persona, a patto di portarla alle estreme conseguenze. Mi spiego: sant'Agostino, parlando di redenzione, prende in considerazione da un lato il peccato di Adamo ed Eva, e dall'altro la passione e resurrezione di Gesù, commentando così: « Felice il peccato che ci ha fatto meritare una simile redenzione ». Questo cantiamo la notte di Pasqua: « Felice colpa, felice peccato ». Quando prendiamo coscienza che siamo peccatori e siamo salvati da Gesù, confessando questa verità a noi stessi scopriamo la perla nascosta, il tesoro sepolto. Scopriamo la grandezza della vita, cioè che c'è qualcuno il quale ci ama così profondamente da aver dato la sua vita per noi.

Quindi secondo il suo ragionamento la perdita del senso del peccato impedisce l'incontro con Dio?

Ci sono persone che credono di essere giuste, di seguire abbastanza la catechesi, di rispettare la fede cristiana, ma non provano l'esperienza di essere state salvate. Una cosa è sentir raccontare che un ragazzo stava affogando in un fiume e una persona si è gettata a salvarlo, un'altra aver assistito personalmente alla scena, altra ancora essere proprio tu quello che sta affogando mentre qualcuno si getta in acqua per salvarti. Ci sono persone a cui l'hanno raccontato, che non hanno visto, che non hanno voluto vedere o non hanno voluto sapere che cosa stava accadendo a quel ragazzo. Persone che hanno sempre trovato il modo di non affogare e, quindi, non sanno che cosa significhi una simile esperienza. Penso che solo noi grandi peccatori abbiamo questa grazia. Dico sempre che, come sottolinea san Paolo, l'unica gloria che possediamo è essere peccatori.

Insomma, alla fine per il credente diventa un vantaggio...
(Ride). Be', non dimentichiamoci che anche il non credente può trarre beneficio dai suoi errori. Se un agnostico o un ateo è consapevole delle proprie debolezze e sa di aver agito male, ne soffre e vuole superare questa situazione, si migliora. L'errore gli serve da trampolino di lancio per la sua crescita personale. Il sindaco di una grande città europea una volta raccontava che tutte le sere conclude la sua giornata con un esame di coscienza. Nonostante fosse agnostico, sapeva che la sua vita aveva un significato e si sforzava di correggere la propria condotta. Le cose fatte male gli servivano per migliorare.

Una simile prospettiva permette quantomeno di affrontare in modo ben diverso il tema della «colpa» nel cattolicesimo.
Senz'altro. Riassumendo, per me il peccato non è una macchia che devo pulire. Ciò che devo fare è chiedere perdono e riconciliarmi, non andare alla tintoria del giapponese dietro casa. Devo andare incontro a Gesù che ha dato la sua vita per me. È una concezione del peccato profondamente diversa perché, per dirla in altre parole, il peccato ammesso onestamente è il luogo privilegiato di incontro personale con Gesù Cristo Salvatore e permette la riscoperta del senso profondo che Lui ha per me. In breve, rappresenta la possibilità di vivere lo stupore di essermi salvato.

Per concludere l'argomento ricorriamo a una citazione di Giovanni Paolo II, che osservava nella società una situazione pa-

radossale: una crescente indifferenza religiosa da un lato e, dall'altro, una ricerca religiosa spasmodica, anche se non sempre lungo cammini ortodossi. Lei che cosa ne pensa?
È verissimo. Assistiamo alla negazione di Dio attraverso processi secolarizzanti e cattive autonomie umane. Ma al tempo stesso si ricerca Dio in mille modi, cosa che esige attenzione per evitare di ricadere in una esperienza consumistica o, tutt'al più, in una 'trascendenza immanente' che non riesce a diventare una vera religiosità. Il fatto è che è più difficile entrare in contatto personale con Dio: un Dio che mi aspetta e mi ama, non un qualcosa di vago. Il panteismo nell'aria, tipo spray, non funziona. Alla lunga ha bisogno di plasmarsi un idolo e si finisce così per adorare un albero o per vedere Dio in un albero.

È anche vero che molta gente dice di credere in Dio, ma non nei preti.
Ed è giusto. Molti di noi preti non meritiamo che si creda in noi.

Capitolo dieci

Un Paese che non riesce a decollare

In un Paese come l'Argentina, che passa di crisi in crisi, si impone la riflessione sulle ragioni della sua incapacità di sviluppare appieno il proprio immenso potenziale e di metterlo a disposizione di tutti. Abbiamo letto insieme al cardinale Bergoglio una frase dell'ex presidente dell'Uruguay, Julio María Sanguinetti: «Si dice che i Paesi si possono suddividere in quattro categorie: i Paesi sviluppati, quelli sottosviluppati, il Giappone – non si capisce come faccia a essere sviluppato – e infine l'Argentina – nessuno si spiega come faccia a non esserlo». Al di là dell'ironia, queste parole racchiudono un'acuta osservazione, una provocazione che suscita molte domande.

A partire da questa osservazione, poniamo a Bergoglio tre domande strettamente connesse:

Potrebbe essere stato uno svantaggio avere a disposizione una simile ricchezza potenziale? In che misura gli argentini sono stati danneggiati dal fatto che tutto, in qualche modo, fosse a portata di mano, a differenza della realtà che si lasciavano alle spalle gli immigrati? Era proprio necessario che il Paese attraversasse una crisi come quella dell'inizio di questo secolo perché si prendesse coscienza del crudele paradosso per cui in un Paese

potenzialmente in grado di nutrire trecento milioni di persone la denutrizione è così diffusa?
Prima di tutto, un paio di precisazioni. A sentire gli italiani, in Argentina basta gettare un seme per strada e subito cresce una pianta. In più, per loro le mucche non possono pascolare all'aria aperta, ma devono star chiuse nelle stalle. Ai tempi di mio padre, nella sua casa di montagna, nel Nord Italia, la stalla era attaccata alla casa in modo che il calore degli animali servisse da riscaldamento. Le bestie non uscivano al pascolo, ma erano i contadini che portavano l'erba e il grano nelle stalle. La verità è che non so se la nostra grande ricchezza abbia contribuito a renderci le cose facili, ma di sicuro non abbiamo sfruttato tutto quello che possediamo. Il giorno del Giudizio, al cospetto del Signore, saremo tra coloro che hanno sepolto sottoterra il talento e non l'hanno fatto fruttare. Non solo nell'agricoltura e nell'allevamento, ma anche nel settore minerario. Anche in questo campo, la ricchezza dell'Argentina è davvero impressionante. D'altronde, siamo pieni di montagne. E nonostante tutte le nostre coste, non mangiamo pesce e neppure lo esportiamo. In altre parole, nel corso della nostra storia, non abbiamo mai creato fonti di lavoro basate sulle nostre risorse. Non è possibile che le fonti di lavoro siano tutte concentrate nelle grandi città, la Grande Buenos Aires, la Grande Rosario... Non è proprio possibile.

Però è così...
Sicuramente conoscete la storiella di quegli ambasciatori che vanno a lamentarsi da Dio perché ha riempito l'Argentina di ricchezze, e l'Onnipotente risponde: «Sì, però le ho dato anche gli argentini». A parte gli scherzi, è

chiaro che non ci siamo dimostrati all'altezza della situazione. Ma siamo ancora in tempo per cambiare pagina.

I dati della crescita della povertà sono eloquenti. L'Argentina è passata dal 4% di poveri all'inizio degli anni Settanta a più del 50% durante la crisi del 2001. Oggi è pieno di gente che muore di fame...
In occasione della festa di San Cayetano, patrono del pane e del lavoro, ho citato una canzone di padre Julián Zini in cui si dice che non è possibile morire di fame nella terra benedetta del pane. È una tremenda ingiustizia che nella nostra patria benedetta, a cui come ho già detto Dio ha dato tutto, manchino il pane e il lavoro. È un'enorme ingiustizia e una evidente irresponsabilità nella distribuzione delle risorse. Quando sono i membri della Chiesa a farlo notare, c'è subito chi si mette a dire che parliamo contro il Governo. Ma sono anni e anni che la povertà continua a crescere, a parte alcune tregue momentanee. Non è solo una questione congiunturale.

È solo un problema di politiche economiche sbagliate? O si tratta di una questione più complessa?
Direi che in sostanza si tratta di un problema di peccato. Da diversi anni a questa parte, l'Argentina vive una condizione di peccato perché non si fa carico della gente che non ha né pane né lavoro. La responsabilità è di tutti. È mia, come vescovo. È di tutti i cristiani. È di chi butta via i soldi senza una chiara coscienza sociale. Qui a Buenos Aires, nell'elegante zona di Puerto Madero, ci sono trentasei ristoranti in cui non so quanto possa costare una cena, ma di sicuro non venti dollari. Da un lato c'è Rodrigo Bueno e dall'altro lato la famosa Villa 31, la bidonville di Retiro, piena di gente che muore letteralmente di fame.

Ecco perché dico che manca coscienza sociale. Al massimo ogni tanto facciamo l'elemosina ai poveri, senza neppure guardarli negli occhi, tanto per lavarci la coscienza.

Le sue parole sono molto forti...
Come mi è già capitato di dire alla radio del santuario di San Cayetano, abbiamo il dovere di condividere cibo, vestiti, cure e istruzione con i nostri fratelli. Qualcuno potrebbe dire: « Che prete comunista! ». No, quello che dico è Vangelo allo stato puro. Perché, attenzione, verremo giudicati per questo. Quando Gesù ci verrà a giudicare, dirà a qualcuno: « Perché ho avuto fame e mi avete dato da mangiare, ho avuto sete e mi avete dato da bere, ero nudo e mi avete vestito, ero malato e mi avete visitato ». E a chi gli chiederà: « Quando l'ho fatto? Perché non me ne ricordo? » Lui risponderà: « Ogni volta che avete fatto queste cose a uno solo di questi miei fratelli più piccoli, l'avete fatto a me ». Ma a qualcun altro dirà: « Via, lontano da me, perché ho avuto fame e non mi avete dato da mangiare ». E ci rimprovererà per aver vissuto dando la colpa della povertà ai governanti, quando la responsabilità è di tutti noi, ognuno secondo le sue forze.

Il problema è che ci sono ampi strati delle nuove generazioni che non hanno un livello minimo di istruzione o che non sono stati formati alla cultura del lavoro. La mobilità sociale cha ha caratterizzato l'Argentina, l'aspettativa di miglioramento sociale, è quantomeno seriamente minacciata.
Può essere, però possiamo fare ancora molto per cambiare le cose. Pensiamo, per esempio, all'opera di padre Di Paola nella villa 21, la bidonville di Barracas. Ai ragazzini che si drogavano, padre Pepe ha offerto un'alternativa: una scuola professionale nata in Europa ai tempi della

grande crisi e riaperta qui, dopo il 2001, perché la situazione non era molto diversa. I ragazzi escono un paio d'anni dopo con un diploma di operai specializzati riconosciuto dallo Stato. In altre parole, vengono educati alla fatica. Il bello del lavoro, riprendendo quello che dicevo prima, è che si vedono i risultati e ci si sente «divini», ci si sente come Dio, capaci di creare. In un certo senso, è come la prima volta che si tiene in braccio il proprio figlio: la capacità di creare può cambiare la vita. Ebbene, il ragazzino che lavora prova la stessa cosa. La cultura del lavoro, unita al sano riposo, è insostituibile.

Una crisi profonda come quella d'inizio Duemila ci farà tornare in noi?
Prendiamo a esempio il caso del Giappone citato da Sanguinetti. Ricordiamo i fatti: termina la Seconda guerra mondiale, e il Paese è a pezzi. Non solo per la spaventosa distruzione atomica di intere città, come esito luttuoso della conflagrazione, ma anche per l'immenso fallimento culturale insito nel messaggio radiofonico dell'imperatore, che nega la sua condizione divina. Da questo momento in poi, i giapponesi hanno incominciato a ricostruire il proprio Paese. Nei porti distrutti dai bombardamenti, i ragazzini, i giovani, gli uomini si buttavano in mare armati di chiavi inglesi per prelevare dalle navi affondate – e anche dagli aerei caduti – pezzi di ferro per le fonderie, che sarebbero diventate le acciaierie giapponesi. Sono ripartiti da zero.

E lei pensa che potrebbe verificarsi una reazione simile in Argentina?
Quello che posso dire è che la storia è piena di esempi che mostrano come la capacità creativa di generare lavo-

ro e andare avanti si manifesta soprattutto durante le crisi più profonde, quando «non c'è altro da fare». Forse l'Argentina è arrivata a questo punto...

Capitolo undici

La costruzione di una cultura dell'incontro

Un'altra delle ragioni che solitamente si adducono quando si cerca di spiegare la decadenza argentina è l'incapacità dei suoi cittadini di agire come una società articolata. In altre parole, le capacità individuali non si esprimerebbero mai a livello collettivo. A questo proposito, il cardinale Bergoglio sostiene che il Paese non solo non sa fare gioco di squadra, ma vive in un clima permanente di incontro mancato – non privo di frequenti dicotomie – che cospira contro la ricerca di grandi consensi e la configurazione di un progetto di nazione. Come rimedio, insiste sulla necessità di una «cultura dell'incontro».

Ci può parlare della sua proposta?
Ma certo. La cultura dell'incontro è l'unico modo per far andare avanti la famiglia e i popoli. Sul frontone della cattedrale di Buenos Aires è raffigurato l'incontro tra Giuseppe e i suoi fratelli. Ci si potrebbe chiedere che cosa c'entrano Giuseppe e i suoi fratelli con la chiesa più importante di Buenos Aires. Bene, bisogna sapere che sono stati scolpiti durante l'epoca dell'Organizzazione Nazionale per simboleggiare il desiderio di incontro di tutti gli argentini. Ma è ancora un debito in sospeso, perché gli argentini fanno una gran fatica a incontrarsi. Siamo molto individualisti, pensiamo subito agli affari no-

stri. Un esempio sono la quantità di correnti politiche che si sono presentate alle elezioni del 2007 nella provincia di Misiones: intorno alle... millenovecento! Alle presidenziali di quest'anno si sono presentati diciotto partiti. Allora, o siamo dei fenomeni e abbiamo a disposizione addirittura diciotto geni in grado di dirigere il Paese, o siamo degli stupidi che non sanno mettersi d'accordo. Insisto: l'incontro non è nelle nostre corde; preferiamo notare quello che ci separa, anziché quello che ci unisce; tendiamo a potenziare il conflitto, invece dell'accordo. Mi azzarderei quasi a dire che ci piace farci la guerra a vicenda.

Esiste una ragione storica, secondo lei?
Forse è per via del caudillismo, perché non bisogna dimenticare che dietro l'Organizzazione Nazionale ci sono i caudillos, che cominciano un'opera di unificazione ma non riescono appieno nell'intento. Quando Carlos Menem, in qualità di presidente, ha deciso di rimpatriare i resti di un caudillo come Juan Manuel de Rosas, si è scontrato con una forte resistenza e i nazionalisti hanno trasformato il rimpatrio in un atto di propaganda, anziché considerarlo un grande evento nazionale. In fondo, si voleva semplicemente permettere che riposassero in patria i resti di un uomo che, bene o male, aveva lottato per il suo Paese. Non sono mancati personaggi famosi che hanno assistito alla cerimonia con il caratteristico poncho rosso. Persino il sacerdote che ha recitato l'orazione funebre lo indossava sotto la tonaca, cosa assurda visto che il sacerdote dovrebbe essere universale. In definitiva, è stata l'ennesima manifestazione del mancato incontro nazionale.

Allora in tempi di crisi, quando tutto ciò che è « stabilito » sembra traballare, il progetto dovrebbe essere ancora più attuale...
La parola « crisi » viene dal greco e significa « setacciare ». Il vaglio, il setaccio, permette di salvare quello che c'è da salvare e scartare tutto il resto. A mio avviso, in questo momento, o scommettiamo sulla cultura dell'incontro, oppure perdiamo. Le proposte totalitarie del secolo scorso – fascismo, nazismo, comunismo o liberalismo – tendono ad atomizzare: sono tutte proposte corporative che, sotto il guscio dell'unificazione, rivelano atomi privi di organicità. La sfida più umana è proprio l'organicità. Per esempio, il capitalismo selvaggio atomizza il lato economico e sociale, mentre la sfida di una società consiste nel creare legami di solidarietà.

Come si avanza verso una « cultura dell'incontro »?
Per il momento, riflettendo a fondo sul significato della cultura dell'incontro umano. Una cultura per cui l'altro ha molto da darmi, sempre che io mi avvicini con atteggiamento aperto e disponibile, senza pregiudizi, ossia senza pensare che non possa darmi niente di buono solo perché ha idee diverse dalle mie, o magari è ateo. Chiunque ha qualcosa di buono da dare, e chiunque può ricevere qualcosa di buono in cambio. Il pregiudizio è come un muro che ci impedisce di incontrarci. E noi argentini siamo pieni di pregiudizi: bolliamo le persone prima ancora di conoscerle, al solo scopo di evitare il dialogo, l'incontro. E così finiamo per incoraggiare quel mancato incontro che a mio modo di vedere assurge a vera e propria patologia sociale.

È solo una questione di pregiudizi o c'è qualcosa di più?
Secondo me è anche un problema comunicativo innesca-

to da tre componenti: la disinformazione, la diffamazione e la calunnia. La prima consiste nel non dare mai informazioni complete su una persona o su un episodio e prendere subito la strada della diceria. Gli stessi media si soffermano a volte solo sull'aspetto conflittuale, per quanto sia un punto di vista decisamente parziale. Per me, la disinformazione è l'atteggiamento più pericoloso, perché dire una parte della verità innervosisce e disorienta chi ascolta. La diffamazione e la calunnia sono più gravi su una scala di ordine morale rispetto alla disinformazione, ma forse non altrettanto dannose in termini di possibilità di incontro. D'altra parte, la nostra psicologia ci porta facilmente al pettegolezzo. In fondo, che cos'è la diceria? Una verità estratta dal contesto. È quello del tango che dice: « Che vergogna, cara, vestirsi di bianco dopo che ha peccato ». E la psicologia del pettegolezzo ci porta al mancato incontro. Una volta mi ha chiamato un vescovo indignato per la dichiarazione di una persona che si era basata solo su una diceria e aveva detto una verità parziale. Gli ho suggerito di non badarci e considerarlo alla stregua di un pettegolezzo di quartiere.

Gli psicologi avvertono che, quando si è privi di identità, si cerca di affermarla in negativo, squalificando gli altri...
Sono d'accordo. Non si dice mai « io sono », ma « io non sono ». Arriviamo a sminuire l'altro per sembrare più grandi. Dobbiamo riconoscere che la mancanza di identità è mancanza di appartenenza. Giunti a questo punto, mi pare importante distinguere tra nazione, Paese e patria. Il Paese è l'ambito geografico, con un'ubicazione geopolitica; la nazione è l'organizzazione nazionale con la sua storia e le sue leggi, mentre la patria è un patrimonio – da cui il termine –, è la cosa più preziosa che abbia-

mo, quello che abbiamo ricevuto dai nostri predecessori. Tutto ciò che hanno fatto per la patria, la nazione e il Paese costituisce un lascito che abbiamo il dovere di trasmettere agli altri, ma dopo averlo accresciuto. È in questo che consiste la grande differenza con i restauratori, per i quali la patria è ciò che abbiamo ricevuto e che dobbiamo mantenere inalterato nel tempo. In questo modo, a mio giudizio, si uccide la patria, non le si permette di crescere. Ogni patrimonio dev'essere utopico: se ne devono conservare le radici, ma bisogna consegnarlo ai figli con l'illusione che continuino a svilupparlo. Non dimentichiamoci che le utopie fanno crescere. Certo, il pericolo non è solo di cadere nella chiusura della riflessione patriottica, come dicevo, nella cieca fedeltà a ciò che si è ricevuto, ma anche nell'utopia astorica, senza radici, nell'utopia dissennata, nell'utopia pura e semplice.

In questa cornice, come si afferma l'identità che rende possibile l'incontro?

A mio giudizio, ad affermare l'identità di una persona e di una patria sono essenzialmente tre orizzonti chiave. In primo luogo, l'orizzonte della trascendenza, che guarda a Dio e rende possibile la trascendenza verso gli altri. E chi non crede? Può trascendere, se non altro, attraverso gli altri, evitando così l'isolamento. Ma senza l'altro, non può esistere trascendenza. In secondo luogo, l'orizzonte della diversità, ossia ciò che arricchisce un popolo: una diversità organizzata e armonizzata. Per ultimo, l'orizzonte della proiezione, che non guarda all'indietro ma si focalizza sul futuro, verso dove si vuole e si deve andare. Sono tre orizzonti che servono a difendere la persona e la patria, e che significano «no» all'ateismo, nel senso di carenza di trascendenza, «no» alla supremazia dei potenti che generano il pensiero unico o egemonico, ostile alla diversità, e «no» ai progressismi astorici. Solo così sarà possibile l'incontro.

Ritiene di fare tutto il possibile per contribuire alla cultura dell'incontro? C'è chi è arrivato ad accusarla di essere una specie di leader dell'opposizione del governo di Néstor Kirchner...
Qualsiasi forma di mancato incontro è per me motivo di profondo dolore. Più di una volta, lo confesso, mi sono accusato di non aver usato ogni mezzo a mia disposizione per entrare in comunione con qualcuno in conflitto. Anche questo è motivo di dolore e lo giudico un peccato. Ma dare a me dell'oppositore mi pare una manifestazione di disinformazione. Credo che la gente conosca i miei sforzi – non solo miei, ma di tutta la Chiesa – per gettare ponti con tutti, pur sempre mantenendo la dignità.

Dopo la visita che, con altre autorità dell'Episcopato, ha fatto a Kirchner nel 2003, in seguito alla sua elezione a presidente, non vi siete più incontrati. Dobbiamo dedurre dalle sue parole che non c'erano le condizioni perché gli chiedesse nuovamente udienza?
Non voglio guardare al passato. Rivendico solo quello che ho già detto: lo sforzo mio e di tutta la Chiesa per gettare ponti senza perdere la dignità.

In altre parole, se Kirchner le avesse chiesto di incontrarvi, avrebbe accettato?
Ma certo. Figuratevi che nel 2006 gli ho anche mandato una lettera per invitarlo alla cerimonia di commemorazione dei cinque sacerdoti e seminaristi pallottini assassinati durante la dittatura, nel trentennale di questo massacro perpetrato nella chiesa di San Patricio.

Non si è mai saputo che lei l'avesse invitato...
Anzi, vi dirò di più: visto che non si celebrava una messa vera e propria, quando è arrivato in chiesa gli ho addirittura chiesto di presiedere la cerimonia, perché durante il suo mandato l'ho sempre trattato per quello che era: il presidente della nazione.

Ha continuato ad avere rapporti con altri membri di quel Governo?
Sì, certo, come con chiunque. D'altra parte, quando i dirigenti dei diversi settori mi chiedono un orientamento, la mia risposta è sempre la stessa: dialogo, dialogo, dialogo...

Capitolo dodici

Mi piace anche il tango

Il cardinale è sempre arrivato puntualissimo ai nostri incontri all'Arcivescovado, ma un giorno era in ritardo. Abbiamo pensato che dovesse sbrigare un affare urgente.

Mentre aspettavamo all'ingresso, l'abbiamo visto passare con un thermos e delle brioches. Ci siamo stupiti, perché di solito non si usa fare colazione tra un'udienza e l'altra. Pochi minuti dopo, l'abbiamo visto salutare una coppia con due bambini, di condizione molto umile. Dopo siamo venuti a sapere che il thermos – pieno di acqua bollente per il mate – e le brioches erano per questa famiglia, oriunda del Chaco, che aveva conosciuto il cardinale per caso ed era venuta a salutarlo prima di fare ritorno a casa. Nonostante la visita inattesa, Bergoglio li aveva accolti in maniera gentile, si era interessato alla loro situazione e li aveva salutati con un abbraccio affettuoso.

« Scusate il ritardo, ma non mi aspettavo che venissero a trovarmi » si scusò, mentre ci dirigevamo alla sala delle udienze.

Ciò che il cardinale non poteva immaginare era che quella scena così affettuosa ci aveva convinto a cambiare la scaletta dell'intervista. Abbiamo messo da parte la solita sfilza di domande su un argomento preciso e abbiamo preferito indagare sulla sua personalità. Per una volta, niente interrogativi su problematiche religiose, sociali o culturali. Volevamo conoscere la sua vita quotidiana, le sue abitudini, i suoi gusti, i suoi affetti. Insomma, per usare un luogo comune giornalistico, conoscere l'uomo dietro all'alto dignitario ecclesiastico.

Bergoglio ha accettato la nostra proposta a un solo patto: «Va bene, ma niente domande alla Corín Tellado» ha detto facendo allusione alla famosa scrittrice spagnola di romanzi rosa. «Almeno qualcuna non ci starebbe male» abbiamo ribattuto, incuriositi. E così abbiamo incominciato...

Come si presenterebbe di fronte a un gruppo di persone che non conosce?
Sono Jorge Bergoglio, prete. Sapete, mi piace molto essere prete.

Un posto nel mondo?
Buenos Aires.

Una persona?
Mia nonna.

Come preferisce tenersi informato?
Leggo i giornali. Accendo la radio solo per sentire musica classica.

Internet?
Magari farò come un mio predecessore, il cardinale Aramburu, che ha cominciato a usarlo quando è andato in pensione, a settantacinque anni suonati.

Viaggia spesso in metropolitana. È il suo mezzo di trasporto preferito?
La prendo quasi sempre perché è veloce, ma se posso preferisco l'autobus, perché così guardo fuori.

È mai stato fidanzato?
Sì, lei era del gruppo di amici con cui andavo a ballare.

E come mai vi siete lasciati?
Ho scoperto la mia vocazione religiosa.

Ha dei parenti che hanno abbracciato come lei la vocazione religiosa?
Sì, il figlio di mia sorella Marta. È sacerdote gesuita come me.

Qualche hobby?
Da giovane collezionavo francobolli. Adesso mi piace molto leggere e ascoltare musica.

Un'opera letteraria?
Adoro le poesie di Hölderlin. E poi, molte opere della letteratura italiana.

Per esempio?
I promessi sposi l'avrò letto almeno quattro volte. E altrettante la *Divina Commedia*. E poi Dostoevskij e Marechal.

E Borges?
Che domande, certo! E poi, Borges aveva il genio di parlare praticamente di qualsiasi cosa senza mai darsi arie. Era un uomo molto saggio, molto profondo. L'immagine che ho di Borges nei confronti della vita è quella di un

uomo che sistema le cose al loro posto, che ordina i libri negli scaffali da bravo bibliotecario, quale peraltro era.

Borges era agnostico.
Un agnostico che tutte le sere recitava il Padre Nostro, perché l'aveva promesso alla madre, e che morì con il conforto religioso.

Una composizione musicale?
Tra quelle che preferisco, sicuramente l'ouverture Leonore numero 3 di Beethoven nella versione di Furtwängler, che secondo me è il miglior direttore di alcune delle sue sinfonie e delle opere di Wagner.

Le piace il tango?
Oh, sì, moltissimo. È una cosa che mi nasce da dentro. Conosco abbastanza bene entrambe le sue epoche. Della prima, i miei preferiti sono l'orchestra di D'Arienzo e, come cantanti, Carlos Gardel, Julio Sosa e Ada Falcón, che poi si fece suora. Ad Azucena Maizani ho addirittura amministrato l'estrema unzione. La conoscevo perché eravamo vicini di casa, e quando sono venuto a sapere che era ricoverata sono andato a trovarla. Ricordo che c'erano anche Virginia Luque e Hugo del Carril. Della seconda epoca, ammiro molto Astor Piazzolla e Amelia Baltar, la cantante che interpreta meglio le sue opere.

E lo sa anche ballare?
Sì. Lo ballavo da giovane, anche se preferivo la milonga.

Un quadro?
La *Crocifissione bianca*, di Marc Chagall.

Che film le piacciono?
Quelli di Tita Merello, ovviamente, e poi il neorealismo italiano. I miei ci tenevano tantissimo che le mie sorelle e io lo conoscessimo, e così non ci hanno fatto perdere neanche un film di Anna Magnani e Aldo Fabrizi. E poi ce li spiegavano, un po' come facevano con le opere, per farci orientare. Andavamo al cinema del quartiere, dove proiettavano tre film di seguito.

Un film in particolare?
Tra i più recenti, *Il pranzo di Babette* mi è rimasto molto impresso. E diversi altri del cinema argentino. Mi ricordo le sorelle Legrand, Mirtha e Silvia, nel film *Claro de Luna*. Avevo otto o nove anni. Un altro grande film del cinema argentino è stato *Los Isleros*, diretto da Lucas Demare, un'opera maestra. E qualche anno fa mi sono divertito con *Esperando la Carroza*, ma adesso non vado più al cinema.

Il suo sport preferito?
Da giovane giocavo a basket, ma mi piaceva tantissimo anche andare allo stadio a vedere le partite di calcio. Andavamo tutti quanti, compresa mia madre – che è venuta con noi fino al 1946 – a vedere il San Lorenzo, la nostra squadra del cuore: i miei erano di Almagro, il quartiere del club.

Qualche ricordo legato al calcio?
Il campionato straordinario di quell'anno. Quel gol di Pontoni che meritava quasi il Nobel. Erano altri tempi. Il massimo che si urlava all'arbitro era barbone, mascalzone, venduto... Niente in confronto agli epiteti che si usano oggi.

Quante lingue parla?
Parlotto un po' d'italiano (*in realtà, verifichiamo di persona che lo parla alla perfezione*). Per quanto riguarda le altre lingue, dovrei dire «parlavo» per la mancanza di pratica. Il francese lo parlavo piuttosto bene e con il tedesco me la cavavo. Quello che mi ha creato sempre più problemi è stato l'inglese, soprattutto la fonetica, perché sono stonatissimo. E ovviamente capisco il piemontese, il suono della mia infanzia.

Qual è stato il suo primo viaggio all'estero?
In Colombia, nel 1970, poi ho visitato i noviziati dell'America Latina. In Messico ho visto per la prima volta i quartieri residenziali privati, recintati e sorvegliati, che a quell'epoca non esistevano ancora in Argentina. Mi ha fatto un certo effetto tutto quell'isolamento dal resto della società.

Quando è andato in Europa per la prima volta?
Il 4 settembre del 1970. Sono stato prima a Madrid, poi ho visitato i noviziati del resto d'Europa. Negli anni a seguire sono andato in Irlanda per migliorare l'inglese. Mi ricordo che ero in viaggio il giorno di Natale del 1980, e che accanto a me era seduta un'anziana coppia di ebrei che andavano a Gerusalemme. Simpaticissimi. Quando dopo cena hanno annunciato che servivano il gelato perché era un giorno di festa, l'uomo si è rammaricato di non poterlo prendere perché aveva mangiato la carne. Come si sa, gli ebrei non mescolano mai carne e latte, e il gelato si fa con il latte. Ma, un attimo dopo mi ha guardato con un sorriso complice e ha esclamato: «In fondo oggi è Natale, padre!» E si è sbafato il gelato senza fare una piega. Per poco non gli davo un bacio...

Com'è stato l'incontro con i suoi parenti in Italia? Cos'ha provato quando ha conosciuto la regione dei suoi antenati?
Che posso dire? Mi sono sentito a casa parlando il piemontese. Ho conosciuto un fratello di mio nonno, i miei zii, i miei cugini. La più grande delle mie cugine ha 78 anni e quando vado a trovarla ho come l'impressione di essere vissuto sempre lì. L'aiuto con le faccende di casa, apparecchio... A ogni modo, cerco sempre di evitare i viaggi.

Come mai?
Perché sono casalingo, amo il posto in cui vivo. Amo Buenos Aires.

Come vedeva l'Argentina dall'estero?
Avevo molta nostalgia... dopo un po', non vedevo l'ora di tornare. Quando ero a Francoforte a preparare la tesi, di sera facevo una passeggiata fino al cimitero. Da lì si vedeva l'aeroporto. Una volta, ho incontrato un amico e lui mi ha chiesto che ci facevo in un posto simile, e io gli ho risposto: « Saluto gli aerei... saluto gli aerei che vanno in Argentina... »

Che cosa considera un grande sacrificio nella sua vita quotidiana?
Molte cose. Per esempio, restare sveglio a pregare dopo la mezzanotte.

A proposito, quante ore dorme al giorno?
Dipende, ma più o meno cinque. Vado a letto presto e mi alzo senza bisogno di sveglia alle 4. Però dopo pranzo schiaccio un pisolino di quaranta minuti.

Quale è la virtù più grande?
Senz'altro la virtù dell'amore, di dare spazio agli altri, con animo mite. La mitezza mi seduce enormemente! Chiedo sempre a Dio di concedermi un cuore mite.

E il peccato peggiore?
Visto che considero l'amore la virtù più grande, sarebbe logico che rispondessi l'odio, ma in realtà il peccato che mi ripugna di più è la superbia, credersi chissà chi. Quando mi è capitato di essere io a credermi chissà chi, ho provato una gran vergogna interiore e ho chiesto perdono a Dio, perché nessuno ha il diritto di comportarsi così.

Se dovesse scoppiare un incendio, qual è la prima cosa che salverebbe?
Il breviario e l'agenda. Sarebbe un vero disastro perderli. Nell'agenda sono annotati tutti gli impegni, gli indirizzi, i numeri di telefono. Invece al breviario sono affezionatissimo: è la prima cosa che apro al mattino e l'ultima che chiudo quando vado a dormire. Se me lo devo portare in viaggio, tengo i due tomi nel bagaglio a mano. Tra le sue pagine conservo il testamento di mia nonna, le sue lettere e la poesia *Rassa nostrana* di Nino Costa, di cui vi ho già parlato.

Ricorda una lettera in particolare di sua nonna?
Sì, una del 1967, metà in italiano e metà in castigliano, scritta quando sono stato ordinato. Siccome aveva paura di morire prima, aveva deciso di scriverla in anticipo e unirla a un regalo, affinché me li recapitassero il giorno in cui sarei diventato sacerdote. Per fortuna, quando sono stato ordinato lei era ancora viva e me li ha potuti da-

re entrambi di persona. Eccola, è qui (prende il breviario e cerca tra le pagine).

Ce la può leggere?
Sì, volentieri. « In questo bellissimo giorno in cui puoi tenere tra le tue mani consacrate il Cristo Salvatore e ti si apre un lungo cammino per l'apostolato più profondo, ti faccio questo modesto regalo di scarso valore materiale, ma immenso valore spirituale ».

E il testamento cosa dice?
(Torna a sfogliare le pagine del breviario). In un passo scrive: « Che i miei nipoti, a cui ho dedicato il meglio di me stessa, abbiano una vita lunga e felice. Ma se un giorno il dolore, la malattia o la perdita di una persona cara dovessero riempirli di afflizione, ricordino sempre che un sospiro al Tabernacolo, dove è custodito il martire più grande e augusto, e uno sguardo a Maria ai piedi della croce possono far cadere una goccia di balsamo sulle ferite più profonde e dolorose ».

Ci descrive il momento in cui, da semplice sacerdote della residenza gesuita di Córdoba, è venuto a sapere che sarebbe diventato vescovo ausiliare addirittura della sua amatissima Buenos Aires?
Il Nunzio Apostolico dell'epoca, monsignor Ubaldo Calabresi, mi telefonava spesso in quel periodo per consultarmi sui possibili candidati a vescovo. Un giorno mi ha chiamato e mi ha detto che quella volta dovevamo vederci di persona. Siccome la compagnia effettuava il volo di andata e ritorno Buenos Aires-Córdoba-Mendoza, mi ha proposto di incontrarci all'aeroporto mentre l'aereo andava e tornava da Mendoza. E così ci siamo messi a par-

lare lì – era il 13 maggio del 1992 –, abbiamo affrontato argomenti molto seri, e quando l'aereo, di ritorno da Mendoza, stava per tornare a Buenos Aires e i passeggeri si avviavano già all'uscita, pensò bene di comunicarmi: « Ah... un'ultima cosa... è stato nominato vescovo ausiliare di Buenos Aires e la designazione si renderà pubblica il 20... » Ecco come me l'ha detto!

E qual è stata la sua reazione?
Sono rimasto paralizzato. Come ho già detto, se mi succede qualcosa di inaspettato, bello o brutto che sia, resto sempre come paralizzato. E la mia prima reazione è sempre negativa.

Ha reagito allo stesso modo anche quando è stato nominato arcivescovo coadiutore con diritto di successione del cardinale Quarracino?
Esattamente allo stesso modo. Siccome ero il suo vicario generale, quando Quarracino ha chiesto a Roma un coadiutore, io l'ho pregato di non spedirmi in nessuna diocesi, ma di farmi tornare vescovo ausiliare in una qualsiasi vicaria di zona a Buenos Aires. « Sono nato qui, e lontano da Buenos Aires non saprei fare niente » gli ho spiegato. Ma il 27 maggio del 1997 a metà mattina mi chiama Calabresi e mi invita fuori a pranzo. Arrivati al caffè, io sto per ringraziarlo e salutarlo, quando vedo che portano una torta e una bottiglia di champagne. Gli chiedo se sia il suo compleanno, ma lui mi risponde con un gran sorriso: « No, no, non è il mio compleanno, ma lei è diventato il nuovo vescovo coadiutore di Buenos Aires ».

A questo proposito, cos'ha provato quando ha sentito più e più

volte pronunciare il suo nome nella Cappella Sistina durante gli scrutini per l'elezione del successore di Giovanni Paolo II? (Bergoglio si fa serio, si irrigidisce un po'. Alla fine ci fa un sorriso.)
All'apertura del conclave tutti noi cardinali abbiamo giurato di mantenere il segreto, perciò non ne posso parlare.

Perlomeno, ci può dire che cosa provava nel vedere il suo nome tra i grandi candidati a papa?
Pudore, vergogna. Pensavo che i giornalisti fossero impazziti.

O magari ne sapevano qualcosa?
Con i loro pronostici, coprivano un ampio spettro di possibilità. Dicevano che i papabili erano nove, tra cui due europei, compreso Ratzinger, e due sudamericani. In questo modo restringevano il margine di errore e aumentavano le possibilità di indovinare.

Allora vuol dire che noi giornalisti abbiamo molta fantasia.
Sì, molta fantasia.

L'ambiente in cui Bergoglio vive e lavora ci parla molto della sua personalità. La prima sorpresa è che non usa il grande ufficio al secondo piano destinato all'arcivescovo, sicuramente sobrio, ma con un vago alone di potere, di superiorità. A quanto abbiamo visto, al momento lo usa come una specie di magazzino. Il suo ufficio è sullo stesso piano, ma è molto piccolo, più di quello della sua segretaria, che tra l'altro non gli gestisce neppure gli appuntamenti: è lui stesso a segnarseli sulla sua agendina tascabile. Ha una scrivania piccola, ma ordinatissima. Sotto il vetro sono infilate delle foto, immagini della sua attività pastorale e una, molto commovente, di un aborigeno del Nord denutrito.

Al piano superiore c'è la sua camera da letto, la stessa che occupava quando era vicario generale. Estremamente austera, con un letto di legno, un crocifisso dei suoi nonni, Rosa e Juan, e una stufetta elettrica, perché se non è presente tutto il personale spegne il riscaldamento centrale. Per il resto, anche la stanza è ordinatissima. «Viene una signora il martedì a pulire» ci ha raccontato, ma è chiaro che è lui a rifarsi il letto tutti i giorni. Esattamente di fronte, separata da un corridoio – dove c'è un piedistallo con una bellissima immagine di un Cristo seduto, il Cristo della pazienza, virtù che non si stanca mai di lodare –, c'è la sua cappella personale, altrettanto austera.

Per ultimo, in una stanza accanto c'è la sua biblioteca piena di libri e carte. Bergoglio ci ha raccontato che sta mettendo in ordine le sue carte «per non lasciare lavoro da sbrigare dopo la mia morte». Ha anche ammesso che sta buttando molti dei suoi scritti. «Voglio andarmene da questo mondo lasciando il meno possibile» ci ha spiegato. Ma uno scritto che conserva gelosamente c'è: si tratta di un foglio scolorito dal tempo con una sentita professione di fede, scritta «in un momento di grande intensità spirituale» poco prima di essere ordinato sacerdote, e che oggi tornerebbe a firmare.

Il testo recita:

Voglio credere in Dio Padre, che mi ama come un figlio, e in Gesù, il Signore, che ha infuso il suo Spirito nella mia vita per farmi sorridere e portarmi così nel regno della vita eterna.

Credo nella mia storia, permeata dallo sguardo benevolo di

Dio, che nel primo giorno di primavera, il 21 settembre, mi è venuto incontro e mi ha invitato a seguirlo.

Credo nel mio dolore, infecondo per colpa dell'egoismo, in cui mi rifugio.

Credo nella meschinità della mia anima, che vuole prendere senza mai dare... senza mai dare.

Credo che gli altri sono buoni, e che devo amarli senza timore, e senza mai tradirli per cercare una sicurezza per me.

Credo nella vita religiosa.

Credo che voglio amare molto.

Credo nella morte quotidiana, ardente, alla quale sfuggo ma che mi sorride invitandomi ad accettarla.

Credo nella pazienza di Dio, accogliente, dolce come una notte estiva.

Credo che papà sia in cielo accanto al Signore.

Credo che anche padre Duarte sia in cielo, a intercedere per il mio sacerdozio.*

Credo in Maria, mia madre, che mi ama e non mi lascerà mai solo.

E attendo la sorpresa di ogni giorno in cui si manifesterà l'amore, la forza, il tradimento e il peccato, che mi accompagneranno fino all'incontro definitivo con quel viso meraviglioso che non so come sia, che sfuggo in continuazione, ma che voglio conoscere e amare. Amen.

La scenografia della sua biblioteca personale si completa con una serie di foto di persone care. Tra queste, la foto di uno studente di ingegneria morto in un incidente e un quadro di Daniela Pisarev, un'amica ebrea, pittrice, che lui ha sposato con un cattolico. Ci soffermiamo su un va-

* Il padre che lo ha confessato il 21 settembre. (*Nda*)

so pieno di rose bianche in uno scaffale della biblioteca, davanti a una foto di santa Teresa. «Quando ho un problema» ci spiega, «chiedo alla santa, non di risolverlo, ma di prenderlo in mano e aiutarmi ad accettarlo, e come segnale ricevo quasi sempre una rosa bianca».

Quando ci stavamo salutando, Bergoglio ci ha presentato un pilota dell'Alitalia, Aldo Cagnoli, che veniva a fargli visita. Si erano conosciuti sui voli Roma-Buenos Aires-Roma, ed era nata una grande amicizia.

Cagnoli, laureatosi in sociologia qualche anno prima, gli portava una copia della sua tesi sul terrorismo aereo, dedicata a lui. Visto che intendeva pubblicare un libro sull'argomento, gli veniva anche a chiedere di scrivere il prologo.

Così abbiamo pensato che il pilota avrebbe potuto offrirci il suo punto di vista su Bergoglio, e in una visita successiva a Buenos Aires gli abbiamo chiesto di raccontarci qualcosa della sua amicizia con il cardinale.

Durante la nostra chiacchierata, Cagnoli ha detto che aveva conosciuto Bergoglio il 20 aprile 2005 sul volo Roma-Buenos Aires, e che si era avvicinato a lui perché tre anni prima era rimasto molto impressionato da un articolo su un cardinale argentino di origini italiane, che svolgeva la sua missione pastorale con forte impegno morale e grande umiltà.

Da quel momento in poi, Cagnoli aveva sempre sperato di poter approfondire le brevi e parziali informazioni di quell'articolo. «Quando l'ho incontrato per la prima volta in aereo e ci siamo messi a parlare, ho capito che era esattamente come me l'ero immaginato, perfino in certi tratti caratteristici» ha ammesso. «Mi hanno impressionato la sua grande capacità di entrare in empatia con l'interlocutore, il suo aspetto austero che contrasta con il calore, e la straordinaria semplicità che emana».

Dopo questo primo incontro, nel quale hanno scoperto di essere nati entrambi il 17 dicembre, Bergoglio l'ha invitato ad andare a trovarlo a Buenos Aires. Anche se era solo di passaggio, alla prima occasione Cagnoli non ha rinunciato a questa opportunità, e da quel momento in poi la loro amicizia è proseguita in incontri successivi a Buenos Aires e a Roma, con lunghe chiacchierate sui temi più svariati, dalla cucina ai problemi etici e sociali. Quando ha presentato al cardinale i suoi genitori, Cagnoli è rimasto impressionato dalla capacità di Bergoglio di trovare sempre nuovi spunti di conversazione e riflessione, al di là delle apparentemente ingenue e involontarie provocazioni del padre, un falegname di profonda fede comunista.

«Un giorno, per esempio, mio padre gli ha detto che faceva una gran fatica a intagliare un'immagine di Cristo in croce che gli aveva promesso in regalo, perché il suo problema, come artigiano, era che immaginava Gesù come un uomo sofferente, infuriato per quello che gli capitava» ci ha raccontato. «Non l'ho mai immaginato così» gli ha risposto Bergoglio, «ma in effetti, nella sua umanità, forse è vero che Cristo era in un certo senso arrabbiato per le sue terribili sofferenze». Tempo dopo, gli ha spedito da Buenos Aires una bella immagine di un Cristo con uno sguardo rassegnato e tenero. «È stata una risposta che ha commosso profondamente mio padre» ci ha detto.

Di Bergoglio, Cagnoli ammira la capacità di trovare il buono in ognuno e di vedere ogni cosa da punti di vista diversi, pur mantenendo una rotta ben precisa. «La grandezza di un uomo, secondo la mia modesta opinione, non è innalzare muri, nascondendosi dietro il proprio sapere o la propria carica, ma sapersi confrontare criticamente e rispettosamente con tutti, e imparare qualcosa con umiltà in qualsiasi momento della vita. Questo è per me padre Bergoglio».

E ha concluso: «La sua grandezza risiede nella semplicità unita alla grande saggezza, la simpatia unita alla serietà, l'apertura mentale unita alla rettitudine, la capacità di ascoltare e apprendere da tutti, pur avendo tanto da insegnare. A mio avviso, fa in maniera semplice e insieme straordinaria quello che molti uomini dentro e fuori la Chiesa dovrebbero fare, e purtroppo non fanno».

Capitolo tredici

L'arduo cammino verso una patria di fratelli

Se c'è un tema ricorrente nei documenti dei vescovi argentini degli ultimi decenni, è quello della riconciliazione nazionale, dopo la violenza politica che ha insanguinato il Paese fino al ritorno della democrazia, nel 1983. Golpe militari, azioni terroristiche provenienti da entrambi gli estremi dell'arco ideologico e un'atroce repressione concepita nelle viscere dello Stato durante l'ultima dittatura militare hanno lasciato ferite profonde che continuano a lacerare la coscienza degli argentini e a porre domande stringenti agli esecutori materiali, molti dei quali ancora protetti dall'impunità. Ferite che fanno tuttora soffrire i familiari delle vittime, migliaia di genitori che non sanno dove piangere i propri figli, scomparsi nel nulla. E che hanno segnato per sempre le vittime di detenzioni illegali, torture o lunghi esili.

Il ruolo della Chiesa in quegli anni, soprattutto durante il cosiddetto Processo di Riorganizzazione Nazionale guidato da successive giunte militari, ha aperto un'accesa polemica, visto che non sono mancate le accuse di debolezza – e perfino di complicità di certi membri del clero – nei confronti delle sistematiche violazioni dei diritti umani.

In questa cornice, il concetto di « riconciliazione nazionale » – basato sulla verità, la giustizia e il perdono –

brandito dai vescovi ha suscitato interpretazioni contrastanti. C'è stato chi ha voluto vedere in tale programma un'offensiva contro la revisione processuale del passato (con un implicito appoggio a qualsiasi legge di cessazione delle azioni penali), garantendo così l'impunità dei militari coinvolti. Altri, invece, hanno giudicato tale monito come un contributo alla pacificazione, soprattutto in un momento in cui la democrazia faticosamente conquistata cominciava a muovere i suoi primi passi. Ma come va interpretata l'opera in favore della riconciliazione? Qual è il vero significato e la portata del perdono cristiano? Come si concilia con la punizione dei crimini? Si deve perdonare chi non si pente? Implica necessariamente una riparazione? In altre parole, si può pensare a un Paese riconciliato o è una semplice utopia e si può solo aspettare che il tempo curi le ferite? E, in ultimo, la Chiesa si è dimostrata all'altezza della situazione durante la dittatura, tanto da trasformarsi negli anni in un promotore credibile della riconciliazione nazionale?

Ci pare un argomento di importanza fondamentale.

Il Vangelo dice che bisogna amare il proprio nemico (i biblisti spiegano che l'espressione va interpretata come « volere il suo bene ») e perdonare settanta volte sette. Non sono premesse utopistiche che vanno in qualche modo contro la natura umana?

Gesù su questo è tremendo: non arretra di un passo e lo fa con esempi concreti. Dopo aver subito un'infinità di angherie – un processo falso, le torture più crudeli mentre i responsabili si lavavano le mani –, riesce ancora a esclamare: « Padre, perdona loro perché non sanno quello che fanno ». In qualche modo, è riuscito a trovare una scusa per poterli perdonare. Quanto alla frase « Se il tuo nemico ha fame, dagli da mangiare; se ha sete, dagli da bere», è uscita una traduzione in spagnolo davvero bellissima. Finora leggevamo: «Facendo questo, infatti, accumulerai carboni ardenti sopra il suo capo», ma questa storia di accumulare carboni ardenti sulla testa «non mi quadrava». Nella traduzione nuova, il passo diventa: «Facendo questo, infatti, il suo viso arderà di vergogna». In qualche modo, si indica una strategia, un percorso così umano e al contempo così onorevole che porta a vergognarsi dei propri peccati. Chi non ha vergogna, perde ogni freno inibitorio, è uno «svergognato». Gesù su questo non scende a patti. Attenzione, però: non dice «dimentica».

Si dice di solito: «Io perdono, ma non dimentico».
Le cose che mi hanno fatto non posso dimenticarle, ma posso guardarle con occhi diversi, anche se ne ho sofferto. Con il passare degli anni, invecchiamo, ci 'ammortizziamo' come direbbe Perón, diventiamo più saggi, più pazienti. E, quando la ferita è più o meno guarita, cominciamo a prendere le distanze. Ecco l'atteggiamento che ci chiede Dio: il perdono del cuore. Il perdono significa che anche se mi hai fatto un torto non mi voglio vendicare, perché ormai fa parte del bilancio delle entrate e delle uscite. Forse non me ne dimenticherò, ma non mi vendicherò. In altre parole, non alimento il rancore.

Allora non si tratta di metterci una pietra sopra...
Una pietra sopra, no. Come ho già detto, dimenticare è impossibile. Piuttosto, mi sforzo di mettere pace nel mio cuore e chiedo a Dio di perdonare chi mi ha offeso. In effetti è molto difficile perdonare senza fare riferimento a Dio, perché possediamo la capacità di perdonare solo se a nostra volta abbiamo vissuto l'esperienza di ricevere

il perdono. E di solito è un'esperienza che viviamo con Dio. È vero che alle volte perdonano anche gli uomini, ma solo chi ha dovuto chiedere perdono almeno una volta è capace di concederlo. Secondo me, esistono tre parole che definiscono le persone e costituiscono un compendio dei vari atteggiamenti: permesso, grazie e perdono, e tra l'altro io non sono sicuro di usarle sempre tutte e tre. La persona che non sa chiedere permesso inciampa, si fa i fatti suoi senza badare alla gente, come se gli altri non esistessero. Invece, chi chiede permesso è più umile, più socievole, più disponibile all'integrazione.

E che cosa dire di chi non pronuncia mai la parola «grazie», o che nel suo cuore sente di non aver nulla di cui essere grato a nessuno? Ma d'altronde è vero, come si dice, che la gratitudine è la virtù degli spiriti nobili, perché la gratitudine è un fiore che fiorisce nelle anime nobili. Per ultimo, c'è gente convinta di non dover mai chiedere perdono a nessuno, e vive nel peggiore dei peccati, la superbia. Insisto: solo chi ha avuto bisogno di chiedere perdono e ha sperimentato il perdono può perdonare. Perciò, chi non pronuncia queste tre parole ha delle lacune nell'esistenza. È stato potato prima del tempo o potato male.

Ma si può perdonare chi non si pente del male che ha fatto? Chi non manifesta la volontà di emendare la propria vita, per dirla con il catechismo?

Nell'omelia di una celebrazione del Corpus Domini, una volta ho detto una cosa che ha scandalizzato diverse persone, forse perché pensavano che stessi facendo una sorta di apologia di tutte le cose orribili che ci sono capitate, incitando con leggerezza a voltare pagina. Mi riferivo a chi maledice il passato e non è capace di perdonare; anzi, alludevo a chi strumentalizza il passato per trarre benefici nel presente. Per la precisione, sostenevo che bisogna benedire il passato con il pentimento, il perdono e la riparazione. Il perdono deve andare insieme alle altre due azioni. Se uno mi ha fatto del male, io devo perdonarlo, ma questa persona riceverà davvero il perdono solo se si pentirà e riparerà al danno inflitto. Non si può dire: « Ti perdono e facciamo finta che non sia successo niente ». Come sarebbe andato a finire il processo di Norimberga, se si fosse adottato questo atteggiamento con i gerarchi nazisti? La riparazione è stata la condanna a morte per molti di loro, mentre per altri il carcere. Intendiamoci: non sono a favore della pena di morte, ma era la legge di quel momento ed è stata la riparazione che la società ha preteso seguendo la giurisprudenza allora in vigore.

Perciò il perdono non è un'azione unilaterale, esclusivamente una disponibilità di colui che perdona.

Io per primo devo essere disposto a concedere il perdono, ma il mio gesto diventerà efficace solo se il destinatario sarà in grado di riceverlo. E sarà in grado di riceverlo solo quando si sarà pentito e vorrà riparare al male che ha fatto. Altrimenti, il perdonato è in fuorigioco, per usare un termine calcistico. Una cosa è concedere il perdono, un'altra è avere la capacità di riceverlo.

Se picchio mia madre e dopo le chiedo perdono, sapendo benissimo che se non mi piace quello che fa gliele suono di nuovo, magari lei mi concederà anche il perdono, ma io non lo riceverò, perché ho il cuore chiuso. In altre parole, per ricevere il perdono bisogna essere preparati. Ecco perché, nella storia dei santi, nei racconti delle grandi conversioni compare quell'espressione famosa, «piangere i propri peccati», per descrivere la condizione tutta cristiana di chi piange per il male commesso, dimostrando pentimento e desiderio di riparazione.

Ma quando i peccati sono molto gravi, quando si commettono crimini atroci, non si nasconde alle volte un meccanismo di negazione, e quasi di giustificazione, sotto la frase «non avevo altra scelta»?
Secondo me non succede solo nei casi più gravi, ma anche nei più lievi. Anche a me è successo – e ne ho parlato al mio confessore – di vivere istanti di illuminazione in cui ho compreso errori o peccati del passato che mi erano passati inavvertiti. Ho guardato il passato con occhi diversi e ho provato terrore. Se in un momento di illuminazione tra un'oscurità e l'altra ho avuto paura della dimensione sociale di quello che avevo fatto, o smesso di fare, non faccio fatica a credere che altre persone, di fronte a errori tremendi, ricorrano inconsapevolmente a un meccanismo di negazione o a scuse di ogni genere per non morire di angoscia.

A ogni modo, il problema in Argentina è che «non è stato nessuno...»
Se non altro, ai protagonisti dei nostri primi turbolenti decenni di storia bisogna almeno riconoscere il merito di non essersi mai voluti nascondere dietro un dito quando si uccidevano tra loro. Per esempio: «Questo l'ho fucilato io. Firmato: Lavalle». Dopo la violenza politica dell'ultimo scorcio del XX secolo, in pratica nessuno si è fatto carico di nulla, e se qualcuno si è preso qualche responsabilità, non ha sempre mostrato segni di pentimento e desiderio di riparazione. Durante l'ultima dittatura militare – le cui violazioni dei diritti umani, come abbia-

mo detto noi vescovi, sono ancora più gravi perché perpetrate dallo Stato – si è arrivati all'abominio di far scomparire migliaia e migliaia di persone. Ma rifiutarsi di riconoscere il torto inflitto non è forse un modo estremo e mostruoso di non assumersi la responsabilità?

C'è anche chi ha parlato di revanscismo. A suo giudizio, il ruolo della leader delle Madri di Plaza de Mayo, Hebe de Bonafini, aiuta la ricerca della riconciliazione?

Bisogna mettersi nei panni di una madre a cui hanno sequestrato i figli e che non ne ha mai più saputo niente; erano carne della sua carne, e non ha saputo quanto sono rimasti in prigione, quante torture hanno dovuto subire, quanto freddo hanno sopportato finché non li hanno uccisi, e neanche come li hanno uccisi. Mi immagino queste donne, che cercavano disperatamente i propri figli e si imbattevano nel cinismo delle autorità che le maltrattavano e le prendevano in giro. Come non capire i loro sentimenti?

La Chiesa ha difeso i diritti umani con tutti i mezzi che aveva a disposizione?

Prima di rispondere, bisogna considerare che la Chiesa – formata da tutti i battezzati – così come il resto della società, non è venuta a conoscenza subito di quello che stava accadendo. All'inizio non se ne aveva chiara coscienza. Nel mio caso, devo ammettere che non avevo gli strumenti adeguati per interpretare certi fatti: quando, nel 1973, Perón tornò in Argentina e ci fu il massacro di Ezeiza, non ci capivo un bel niente. Neanche quando Cámpora rinunciò alla presidenza. Non conoscevo abbastanza la politica per riuscire a comprenderne appieno le dinamiche.

Giorno dopo giorno abbiamo cominciato a renderci conto della guerriglia, del suo tentativo di resistenza a Tucumán, delle azioni terroristiche in cui cadevano civili che non c'entravano niente e giovani che erano di leva, finché la presidente Isabel Martínez de Perón non ha firmato il decreto che ordinava « l'annientamento dell'azione di sovversione ». È in quel momento che abbiamo capito che la situazione si faceva davvero grave. Parallelamente, quasi tutti si misero a « bussare alle porte delle caserme ». Il golpe del 1976 è stato approvato quasi all'unanimità, persino dalla stragrande maggioranza dei partiti politici. Se non sbaglio, mi pare che l'unico a dichiararsi contrario fu il partito comunista rivoluzionario, ma è anche vero che nessuno sospettava che cosa sarebbe successo. Su questo dobbiamo essere obiettivi, nessuno può lavarsene le mani. Sto ancora aspettando che i partiti politici e altre corporazioni chiedano perdono come ha fatto la Chiesa (l'Episcopato ha divulgato un esame di coscienza nel 1996, mentre nel 2000, in occasione del giubileo, ha fatto un mea culpa).

C'è chi sostiene che la Chiesa sapesse benissimo che cosa accadeva ai tempi della dittatura.
Ripeto: all'inizio si sapeva poco o niente, abbiamo saputo i fatti poco alla volta. Io stesso, come sacerdote, anche se capivo bene che la situazione era pesante e arrestavano tanta gente, ho capito l'effettiva gravità della cosa solo in un secondo tempo. La società, nel suo insieme, ha preso coscienza dei crimini commessi solo durante il processo dei comandanti. Di sicuro qualche vescovo avrà capito prima di altri i metodi che usavano con i detenuti. Ci sono stati pastori più illuminati, che hanno rischiato grosso. Monsignor Zazpe, per esempio, arcivescovo di Santa

Fe, è stato uno dei primi a rendersi conto di come agiva la dittatura dopo il sequestro e la brutale tortura dell'intendente della capitale della provincia, Adán Noé Campagnolo.

Ci sono stati anche altri, tra cui Hesayne, Novak e de Nevares, che hanno cominciato subito a muoversi in difesa dei diritti umani. Altri che hanno fatto molto, ma parlato meno. E infine qualcun altro che è stato ingenuo oppure ottuso. Alle volte, senza volere, si preferisce non vedere episodi troppo sgradevoli, o magari non si accetta che siano veri. Ne sa qualcosa chi ha un figlio drogato, o che gioca d'azzardo, o con un qualsiasi altro vizio grave. È un atteggiamento molto umano. Anch'io ho fatto una grande fatica a capirlo, lo ripeto, finché non hanno cominciato a portarmi gente e sono stato costretto a nascondere il primo perseguitato.

Di questo parleremo dopo. Si dice che l'Episcopato abbia preferito condurre trattative riservate anziché rilasciare dichiarazioni pubbliche per paura di inasprire le esecuzioni. È stata una strategia giusta? Non è finita per diventare un silenzio complice?

È vero, in parte la Chiesa ha seguito questa strategia, ma nonostante le trattative riservate le dichiarazioni pubbliche dell'Episcopato non lasciano molti dubbi. E sono sotto gli occhi di tutti, perché le abbiamo riunite in un libro presentato in occasione del venticinquennale del nostro documento, *Iglesia y Comunidad Nacional*. Nel terzo capitolo, intitolato « La Chiesa e i diritti umani », da pagina 625 a 727 si possono leggere le dichiarazioni più rilevanti. E sono presentate in versione integrale, non con omissioni, come certi giornalisti hanno voluto insinuare. La Chiesa ha parlato. Anzi, c'è una lettera pastorale del 15 maggio 1976 in cui si percepisce già la preoccupazione dei vescovi. E una dell'aprile del 1977 in cui si condanna la tortura. E poi altre durante la presidenza di Isabel Perón. A ogni modo, alcune formule sono dubitative perché, come ho già detto, non si sapeva con precisione cosa stesse accadendo. Ma episodi come il massacro dei sacerdoti e seminaristi pallottini hanno aggiunto forza alle dichiarazioni.

Ogni volta che la Chiesa ha sostenuto, negli anni successivi, la necessità di raggiungere la riconciliazione, c'è sempre stato chi ha parlato di favoreggiamento dell'impunità. Lei che cosa ne pensa?

Su, non scherziamo. Su questo voglio essere chiaro: l'ultima parola spetta alla giustizia. È vero che dopo le grandi rivolte mondiali e le guerre più terribili scatta sempre il meccanismo sociopolitico dell'amnistia. Dopo la Seconda guerra mondiale è stata applicata in diversi Paesi, ma si è anche celebrato il processo dei responsabili. La Francia ha dovuto affrontare i collaborazionisti di Pétain e si è comportata in maniera generosa. Anche se de Gaulle era duro, ha avuto paura di essere ingiusto, perché all'epoca era molto difficile capire se per il bene della Francia convenisse collaborare con i nazisti oppure no. Pétain non è stato condannato a morte, ma esiliato nella Guyana francese. Dei 35 vescovi che avevano avuto rapporti con Pétain, de Gaulle non avrebbe voluto salvarne neanche uno. Allora entrò in scena Angelo Giuseppe Roncalli, poi Giovanni XXIII, come Nunzio a Parigi, e alla fine sono stati deposti solo in tre o quattro. Credo che si sia operata una distinzione tra situazioni ambigue, frutto della paura, e situazioni delittuose. Le prime si possono anche arrivare a comprendere, mentre le altre no. Pétain ha agito come ha agito pensando di comportarsi da patriota. Ma si sbagliava, anche se aveva buone intenzioni. Altrimenti gli avrebbero «tagliato la testa», perché i francesi non vanno tanto per il sottile.

A questo proposito, di solito si cita il caso di Giovanni Paolo II, che ha perdonato l'uomo che aveva cercato di assassinarlo, ma il processo ha seguito il suo corso.
Esatto. Il processo contro Ali Agca non poteva fermarsi. Il Papa lo ha perdonato, ma lui è stato condannato ed è rimasto in prigione finché non ha scontato tutta la pena, e dopo è stato spedito in Turchia, dove è rimasto in carcere per altri delitti commessi in patria. Ricordate quando dicevo che uno può concedere il perdono, ma dall'altra parte ci deve essere pentimento e desiderio di riparazione? Bene, questo è un ottimo esempio. A quanto ne so, e credo che sia vero, quando il Papa è andato a trovarlo in carcere, Ali Agca non ha mostrato alcun segno di pentimento. Anzi, gli ha perfino detto: «Non capisco come mai non è morto... il mio grilletto non sbaglia mai».

A ogni modo, la ricerca di un'autentica riconciliazione non implica rinunciare a qualcosa? Non esige gesti magnanimi?
Dobbiamo sempre rinunciare a qualcosa. Per ottenere una riconciliazione, bisogna rinunciare a qualcosa. Tutti devono farlo. Ma attenzione: purché non sia qualcosa che riguarda l'essenza della giustizia. Forse a chi deve perdonare sarà chiesto di rinunciare al risentimento. Il risentimento è rancore. E vivere con il rancore è come bere acqua di fogna, come nutrirsi dei propri escrementi: significa che non si vuole uscire dal porcile.

Invece il dolore, che è un'altra piaga, è a campo aperto. Il risentimento è come una casa occupata, dove vive tanta gente ammassata che non vede il cielo, mentre il dolore è come una città in cui c'è altrettanto affollamento, ma almeno si vede il cielo. In altre parole, il dolore è aperto alla preghiera, alla tenerezza, alla compagnia di un amico, a mille cose che danno dignità. Ecco perché il dolore è una situazione più sana. Così mi dice l'esperienza.

La madre di Michelle Bachelet, la presidente del Cile, ha raccontato che un giorno ha incontrato in ascensore il suo torturatore, e dopo averlo perdonato ha provato un gran senso di pace.
Perdonare fa sempre bene, e in questo senso torniamo alla domanda precedente: la virtù della magnanimità. Il magnanimo è sempre felice. Il pusillanime, con il cuore arido, non ottiene mai la felicità.

Il perdono è la cosa che rende più simili l'uomo e la donna a Dio?
L'amore è la cosa che più ci avvicina a Dio. Il perdono ci rende simili a Lui in quanto è un atto d'amore.

Capitolo quattordici

La notte oscura vissuta dall'Argentina

Quando la vita di Giovanni Paolo II si è spenta e si sono intensificate le riflessioni sui possibili candidati alla successione, il nome di Bergoglio figurava in quasi tutti i pronostici dei giornalisti specializzati. In quei giorni, i giornali avevano tirato fuori una vecchia inchiesta di Buenos Aires sulla presunta condotta compromettente del cardinale durante l'ultima dittatura. E non solo: si dice che alla vigilia del conclave che avrebbe eletto il successore del papa polacco, una copia di un articolo tratto dal reportage fu spedita all'indirizzo e-mail dei cardinali elettori, allo scopo di danneggiare l'immagine del porporato argentino.

L'articolo attribuiva al cardinale una parte di responsabilità nel sequestro di due sacerdoti gesuiti che prestavano servizio in una bidonville di Bajo Flores, perpetrato da alcuni membri della Marina nel maggio del 1976, due mesi dopo il golpe. Secondo tale versione, Bergoglio – ai tempi provinciale della Compagnia di Gesù in Argentina – avrebbe invitato i padri Orlando Yorio e Francisco Jalics ad abbandonare la propria opera pastorale nella baraccopoli, ma di fronte al loro netto rifiuto avrebbe comunicato ai militari che i due religiosi non contavano più sulla protezione della Chiesa, dando così implicitamente il via libera al loro sequestro.

Bergoglio non ha mai commentato questa accusa, come ha anche evitato di rispondere ad altre imputazioni della stessa natura su suoi presunti legami con i membri della Giunta Militare (e del resto non ha chiarito neppure quale fosse il suo atteggiamento nei confronti dell'ultima dittatura). Ma parlando con noi ha riconosciuto che il tema non andava più omesso, e ha accettato di raccontare la sua versione dei fatti e l'atteggiamento da lui assunto nella notte buia vissuta dall'Argentina. «Se non ho parlato al momento, è stato per non fare il gioco di nessuno, non perché avessi qualcosa da nascondere» ha precisato.

Cardinale, lei prima accennava al fatto che durante la dittatura le è capitato di nascondere gente che veniva perseguitata. Come sono andate le cose? Quante persone ha protetto?
Nel Colegio Máximo* de San Miguel della Compagnia di Gesù, nella Grande Buenos Aires, dove risiedevo, ho nascosto diverse persone, non ricordo esattamente quante. Dopo la morte di monsignor Enrique Angelelli (vescovo de La Rioja e sostenitore della causa dei più poveri), ho ospitato tre seminaristi della sua diocesi che studiavano teologia. Non erano nascosti, ma custoditi, diciamo protetti. Andando a La Rioja per partecipare a un omaggio ad Angelelli per il trentennale della sua morte, il vescovo di Bariloche, Fernando Maletti, ha incontrato sull'autobus uno di quei tre preti, che risiede attualmente a Villa Eloisa, nella provincia di Santa Fe. Maletti non lo conosceva, ma quando hanno cominciato a

* Colegio Máximo – sede dei gesuiti a San Miguel (Bs.As.), detto Colegio Máximo de San José. Lì ci sono il Centro Loyola e le facoltà di filosofia e teologia. (*Ndt*)

chiacchierare questi gli ha raccontato che nel Colegio Máximo c'erano persone che facevano «lunghi esercizi spirituali anche di venti giorni» e che con il tempo lui e gli altri due sacerdoti si erano resi conto che era solo una copertura per nascondere la gente. Quando Maletti mi ha riferito l'episodio, mi ha detto che non conosceva questa storia, e che avrei dovuto renderla pubblica.

A parte nascondere la gente, che cos'altro ha fatto?
Ho fatto scappare dal Paese un giovane che mi somigliava, passando da Foz de Iguazú, con la mia carta d'identità, vestito da sacerdote, con il collare, e in questo modo gli ho salvato la vita. Anche se ero giovane e non conoscevo gente importante, ho fatto tutto il possibile per liberare le persone sequestrate. Ho incontrato due volte il generale (Jorge) Videla e l'ammiraglio (Emilio) Massera. Ero riuscito a scoprire chi fosse il cappellano militare che celebrava la messa e l'ho convinto a darsi malato e a mandarmi al suo posto. Ricordo che ho celebrato la messa nella residenza del comandante in capo dell'Esercito di fronte a tutta la famiglia di Videla, un sabato sera. Alla fine della messa ho chiesto un colloquio a Videla, sempre nel tentativo di scoprire dove fossero tenuti i preti sequestrati. In luoghi di detenzione non sono mai stato, salvo una volta che sono andato in una base aeronautica vicina a San Miguel, nella località di José C. Paz, per fare delle ricerche sulla sorte di un ragazzo scomparso.

Le viene in mente qualche caso in particolare?
Ricordo un incontro con una signora che mi aveva presentato Esther Ballestrino de Careaga, il mio capo quando lavoravo in laboratorio, la donna che tanto mi ha insegnato della politica e poi è stata sequestrata e assassi-

nata e oggi è sepolta nella chiesa di Santa Cruz, a Buenos Aires. La signora, nata ad Avellaneda, nella Grande Buenos Aires, aveva due figli giovani sposati da due o tre anni, entrambi operai delegati di militanza comunista, che erano stati sequestrati. Era vedova e quei due ragazzi erano tutto quello che le era rimasto. Quanto piangeva, quella donna! È un'immagine che non dimenticherò mai. Io ho fatto delle ricerche, ma non sono riuscito a scoprire niente, e spesso mi rimprovero per non aver fatto abbastanza.

Ci racconta una trattativa giunta a buon fine?
Mi viene in mente il caso di un giovane catechista che era stato sequestrato e per il quale mi avevano chiesto di intercedere. Anche in questo caso ho cercato di fare tutto il possibile, per quanto non avessi molte conoscenze. Non so quanto si debba ai miei sforzi, ma grazie a Dio nel giro di poco il ragazzo è stato liberato. Non le posso dire la gioia della sua famiglia! Ecco perché insisto e lo ripeto: dopo casi come questo, come si fa a non capire la reazione di tante madri che hanno vissuto un calvario terribile, ma non hanno avuto la fortuna di ritrovare vivi i propri figli?

Qual è stato il suo ruolo nel sequestro dei sacerdoti Yorio e Jalics?
Prima di rispondere, devo premettere che nella loro opera di evangelizzazione di Bajo Flores, Yorio e Jalics stavano mettendo in piedi una congregazione religiosa e avevano consegnato la prima bozza delle Regole ai monsignori Pironio, Zazpe e Serra. Ne conservo ancora una copia. Il Superiore generale dei gesuiti, allora padre Arrupe, ha intimato loro di scegliere tra la comunità in cui vivevano e la Compagnia di Gesù. Visto che non ne voleva-

no sapere di rinunciare al loro progetto, Yorio e Jalics hanno chiesto di poter lasciare la Compagnia. È stato un lungo processo interno durato più di un anno, non una mia decisione sbrigativa. Quando sono state accettate le dimissioni di Yorio (e anche di padre Luis Dourrón, che lavorava al loro fianco) – per Jalics non era così facile, perché aveva fatto la professione solenne e solo il Santo Padre poteva accettare la sua richiesta – era il marzo 1976, per la precisione il 19, cioè mancavano cinque giorni al rovesciamento del governo di Isabel Perón. Sentendo aria di golpe, li ho avvertiti di stare molto attenti. Ricordo persino che ho messo loro a disposizione la casa provinciale della Compagnia, in caso di pericolo.

Erano in pericolo solo perché prestavano servizio in una baraccopoli?

Esatto. Vivevano nel quartiere Rivadavia di Bajo Flores. Non ho mai creduto alla storia che fossero coinvolti in «attività sovversive», come sostenevano i loro nemici, e infatti non lo erano. Ma per via dei rapporti che avevano con gli altri preti delle bidonville, erano troppo esposti alla paranoia da caccia alle streghe. Yorio e Jalics si sono ostinati a rimanere nella baraccopoli, e sono stati sequestrati nel corso di un rastrellamento. Dourrón invece si è salvato, perché in quel momento era in giro per le baracche in bicicletta, e vedendo lo scompiglio ha fatto in tempo a scappare per calle Varela. Fortunatamente tempo dopo sono stati liberati, primo perché non potevano accusarli di niente e secondo perché abbiamo fatto tutto il possibile per salvarli. Quando ho detto che ho incontrato due volte Videla e altrettante Massera, era sempre per via del loro sequestro.

Secondo l'accusa che le viene mossa, Yorio e Jalics dicevano che anche lei li additava come potenziali sovversivi per le loro idee progressiste.

Non voglio dar retta alle calunnie. Ho appena raccontato, in tutta sincerità, come la pensavo sul ruolo di quei sacerdoti e come mi sono comportato dopo il sequestro. Jalics, quando passa da Buenos Aires, viene ancora a trovarmi. In un'occasione abbiamo addirittura concelebrato la messa. Viene a tenere corsi con il mio benestare. Una volta la Santa Sede si è offerta di accettare le sue dimissioni, ma alla fine ha deciso di rimanere nella Compagnia. Torno a ripeterlo: non li ho espulsi dall'ordine, e non volevo che rimanessero senza protezione.

Ancora secondo l'accusa, tre anni dopo, quando Jalics viveva in Germania e in Argentina c'era ancora una dittatura, le ha chiesto di aiutarlo con la Cancelleria a rinnovare il passaporto senza bisogno di tornare in patria. A quanto pare, lei si sarebbe dimostrato disponibile ad aiutarlo, ma avrebbe anche suggerito ai funzionari della Segreteria del culto del ministero degli Esteri di non dare seguito alla richiesta di Jalics per via dei suoi precedenti sovversivi...

Non è esatto. È vero solo che Jalics – nato in Ungheria ma cittadino argentino con passaporto argentino – mi ha contattato quando ero ancora provinciale per chiedermi questo favore, visto che aveva il timore fondato di tornare in Argentina ed essere rimesso in prigione. Io ho scritto una lettera alle autorità con la richiesta di trasferire la pratica all'ambasciata di Bonn, evitando però di rivelare la vera ragione e adducendo a motivo l'eccessivo costo del viaggio. L'ho consegnata di persona, e il funzionario incaricato mi ha chiesto la ragione per cui Jalics aveva lasciato il Paese così all'improvviso. «Lui e il suo confratello sono stati accusati di complicità con i guerriglieri, ma erano del tutto estranei ai fatti» ho risposto. «Bene, mi lasci la lettera e vedrà che le risponderanno» sono state le sue parole.

E dopo com'è finita?

Evidentemente non hanno accettato la mia richiesta. L'autore dell'articolo contro di me ha avuto accesso agli archivi della Segreteria del culto, e l'unica cosa che ha trovato è stato un foglietto su cui il funzionario aveva annotato che io gli avevo parlato del sospetto di complicità con i guerriglieri che pesava sul capo dei due sacerdoti. In pratica, è stata tralasciata una parte fondamentale della nostra conversazione, in cui io gli assicuravo che con la guerriglia non c'entravano niente. In più, l'autore di questo reportage si guarda bene dal parlare della lettera in cui mi faccio carico della richiesta di Jalics, esponendomi in prima persona con la dittatura.

Si dice anche che lei abbia promosso il conferimento della laurea honoris causa da parte dell'Università Del Salvador, creata dai gesuiti, all'ammiraglio Massera.

Se non vado errato, non era una laurea ma un professorato. E comunque io non ho promosso proprio niente. Ho ricevuto l'invito alla cerimonia, ma non vi ho preso parte. E quando ho scoperto che un gruppo aveva politicizzato l'Università, sono andato a una riunione dell'Associazione Civile e li ho invitati ad andarsene, anche se l'Università non apparteneva più alla Compagnia di Gesù e non avevo altra autorità che quella sacerdotale. Ci tengo a precisarlo, perché sono anche arrivati a dire che avevo legami con quel gruppo politico. A ogni modo, se mi metto a rispondere a ogni capo d'imputazione faccio il loro gioco. Poco tempo fa sono stato invitato a partecipare a una cerimonia in una sinagoga. Mentre ero assorto in preghiera, ho sentito una frase dei libri sapienziali che non ricordavo e che recita pressappoco così: « Signore, fa' che io sappia tacere quando si faranno beffe di me ». E devo dire che questa frase mi ha dato tanta pace e serenità.

Quando il giovane padre Jorge Bergoglio, nella prima metà degli anni Settanta, bussò alla porta del suo ufficio, la dottoressa Alicia Oliveira non pensò a nulla di diverso da uno dei tanti incontri di lavoro cui a quei tempi era tenuta nella sua carica di giudice della corte penale. Non le passò neppure per la testa che con quel sacerdote potesse crearsi una speciale sintonia, e che la lunga amicizia che ne sarebbe nata avrebbe fatto di lei una delle principali testimoni di buona parte della vicenda di Bergoglio durante l'ultima dittatura militare. Alicia Oliveira può vantare una lunga militanza nella lotta per i diritti umani, cui si votò fin da quando iniziò la sua carriera come avvocato penalista. Una militanza, la sua, che dopo il golpe militare le costò l'incarico di magistrato. Fu il primo giudice, infatti, a essere radiato.

Firmataria di centinaia di *habeas corpus* per arresti illegali durante la dittatura, fece parte, in qualità di avvocato, della prima commissione direttiva del Centro di Studi Sociali e Legali (Cels), una delle più emblematiche Ong impegnate nella lotta contro le violazioni dei diritti umani.

Con il ritorno alla democrazia svolse diversi incarichi istituzionali, tra i quali quello di membro della Convenzione Nazionale del 1994 (era stata eletta nella lista del Frente Grande, coalizione peronista dissidente di centrosinistra) e quello di Difensore del Popolo della Città di Buenos Aires dal 1998 al 2003, per poi essere nominata – con l'avvento di Néstor Kirchner alla presidenza –, Rappresentante Speciale per i Diritti Umani presso il ministero degli Esteri, incarico che ricoprì per due anni prima di andare in pensione.

«Ricordo che Bergoglio venne a trovarmi in tribunale per un problema riguardante una terza persona, sarà stato il 1974 o il 1975. Parlammo del più e del meno e si sviluppò tra noi un'empatia che aprì la strada a nuove conversazioni. In una di quelle chiacchierate parlammo dell'imminenza di un golpe. Lui era il padre provinciale dei gesuiti, ed era sicuramente più informato di me. I giornali facevano perfino ipotesi sui futuri ministri. Sul quotidiano *La Razón* si diceva che a José Alfredo Martínez sarebbe andato il ministero dell'Economia», ricorda Oliveira, e aggiunge: «Bergoglio era molto preoccupato, aveva brutti presentimenti su quello che poteva accadere, e, sapendo del mio impegno a favore dei diritti umani, temeva per la mia vita. Mi suggerì addirittura di trasferirmi per un po' al Colegio Máximo. Ma io non accettai e gli risposi, con una battuta decisamente sfortunata visto quello che successe poi nel Paese: 'Preferisco che mi prendano i militari piuttosto che andare a stare con i preti'».

A ogni modo, Alicia Oliveira prese le sue precauzioni. Disse alla dottoressa Carmen Argibay, che allora era la sua segretaria in tribunale – successivamente, su proposta di Kirchner, fu membro della Corte Suprema di Giustizia della nazione – che stava pensando di affidarle i due figli, ancora ragazzini, se avesse dovuto nascondersi per qualche tempo, perché temeva di essere arrestata dai militari. Alla fine, non si decise, e non la arrestarono. Invece, la Argibay fu prelevata il giorno stesso del golpe.

Oliveira, disperata, fece di tutto per rintracciarla, finché dal carcere di Devoto la informarono che si trovava lì; eppure non riuscì mai a sapere – né lei né la stessa arrestata – il motivo per il quale rimase diversi mesi in cella.

Dopo la caduta del governo di Isabel Perón, gli incontri di Alicia Oliveira con padre Bergoglio si fecero più frequenti. « Da quelle chiacchierate capii che i suoi timori crescevano, soprattutto per la sorte dei sacerdoti gesuiti che vivevano nelle baraccopoli » racconta. « Oggi credo che Bergoglio e io » precisa, « avessimo fatto molto in fretta a capire com'erano fatti i militari di allora. La loro propensione a una logica amico/nemico e la loro incapacità di discernere tra militanza politica, sociale o religiosa, e lotta armata, erano pericolosissime. Avevamo ben chiaro il rischio che correvano tutti coloro che frequentavano le borgate. E non solo loro: anche quelli che vi abitavano, che potevano andarci di mezzo di rimbalzo ».

L'avvocatessa ricorda di avere implorato una giovane amica sua, che andava a fare catechismo ai ragazzi delle baracche – e che non era militante di nessun partito o movimento – di non andarci più. « La avvertii che i militari non capivano, bastava che vedessero da quelle parti qualcuno che non abitava lì, e subito pensavano che fosse un terrorista marxista-leninista internazionale » racconta. Faticò molto a farglielo capire. Alla fine la ragazza rinunciò, e anni dopo riconobbe che quel consiglio le aveva salvato la vita. « Ma altri che rimasero non ebbero la stessa fortuna. Per questo Bergoglio era così preoccupato per i sacerdoti della borgata e voleva che se ne andassero » conclude.

Ricorda, inoltre, che padre Jorge non solo si preoccupò di localizzare Yorio e Jalics e si adoperò per la loro liberazione, ma si mosse per scoprire dove fossero finite molte altre persone arrestate. O per permettere ad altre ancora di passare il confine, come quel giovane che gli somigliava al quale diede il suo documento d'identità. «Andavo spesso, la domenica, alla casa per gli esercizi spirituali di San Ignacio a salutare gente che padre Jorge aiutava a uscire dal Paese» dichiara.

Bergoglio giunse persino a nascondere una biblioteca privata che comprendeva testi marxisti. «Un giorno lo chiamò Esther Ballestrino de Careaga per pregarlo di andare a casa sua a dare l'estrema unzione a un parente; cosa che lo sorprese, perché loro non erano credenti. Ma quando fu lì, lei lo pregò di portare via i libri di sua figlia, che era vigilata; più tardi la giovane fu sequestrata, e infine liberata (a differenza di quel che successe a lei)» ricorda.

Quanto alla posizione della Universidad del Salvador* durante l'ultima dittatura, e il ruolo che vi svolse il futuro cardinale, Alicia Oliveira assicura che nulla di quanto lei sperimentò presso quell'ateneo le diede mai alcun sentore di complicità con il regime, al contrario. «Non so che cosa capitasse nell'università pubblica, ma molti di noi trovarono rifugio lì» sottolinea. Racconta che condivideva la cattedra di diritto penale con Eugenio Zaffaroni (anche lui radiato dalla dittatura, ma dal posto di docente all'università di Buenos Aires, e anche lui entrato in seguito a far parte della Corte Suprema durante la presidenza Kirchner). E che a lezione parlava con la massima libertà. «Quando spiegavo la pratica medievale dell'ordalia (le terribili prove cui erano sottoposti gli accusati per stabilire la loro innocenza o colpevolezza) e gli stu-

* Università privata dei Gesuiti a Buenos Aires. (*Ndt*)

denti dicevano che era una cosa orrenda, io raccontavo quello che stava succedendo nel nostro Paese; Bergoglio, scherzando, mi diceva che sarebbero venuti a prendermi con una Falcon verde »* ricorda.

Con il suo collega, Alicia Oliveira visse un episodio a suo parere estremamente rappresentativo della posizione di padre Bergoglio nei confronti della dittatura. Verso la fine del governo militare, nella tappa pre elettorale, Zaffaroni venne a sapere che il giurista Charles Moyer – ex segretario della Corte Interamericana per i Diritti Umani – intendeva venire in Argentina allo scopo di persuadere i candidati dell'importanza che il Paese aderisse alla Convenzione Interamericana sui Diritti Umani (Patto di San José de Costa Rica). E dato che in quel momento Moyer era in servizio presso la sede dell'Organizzazione degli Stati Americani a Washington, il segretario generale di quest'ultima, l'argentino Alejandro Orfila, lo minacciò di destituirlo se avesse preso un aereo per Buenos Aires. « Perché Orfila condivideva interessi molto forti con la dittatura » spiega Oliveira. A quel punto Zaffaroni le aveva chiesto che cosa si potesse fare per farlo venire lo stesso, con un motivo falso. Oliveira ricorda: « E io che cosa feci? Mi rivolsi, come sempre, a don Jorge, che mi disse di non preoccuparmi. Poco dopo, passò da me e mi consegnò una lettera con la quale la nostra università invitava Moyer a tenere una conferenza sulla procedura della Corte Interamericana per i Diritti Umani. Una cosa

* Le squadre in borghese che effettuavano i sequestri si spostavano notoriamente a bordo di Ford Falcon di colore verde. Questo modello di auto, diffuso perché prodotto in Argentina, divenne tristemente famoso come simbolo del terrorismo di Stato, tanto da essere considerato « l'auto della morte ». (*Ndt*)

noiosissima! Per l'occasione, vennero reclutati i docenti di diritto internazionale. Bergoglio mi pregò di non mettere neppure il naso nella sala. L'americano non sapeva di che cosa parlare. Poi, discretamente, lo accompagnammo a incontrare i candidati. Fu patetico: quasi nessuno conosceva il Patto di San José de Costa Rica. Al suo ritorno, Moyer inviò a Bergoglio una lettera di ringraziamento. E il presidente Raúl Alfonsín, appena insediato, ratificò il patto».

Del resto, Oliveira – che critica l'operato di molti vescovi durante la dittatura – ammette che aleggerà sempre un interrogativo intorno ai membri del clero che, occupandosi personalmente delle vittime della repressione illegale, privilegiarono la strategia delle trattative riservate rispetto alla denuncia pubblica. Era la cosa migliore per la sicurezza delle vittime? Il superiore di una comunità religiosa poteva «fare di testa sua» e scendere in campo? «La verità è che non so che cosa sarebbe stato meglio, né come funzionino esattamente i rapporti all'interno delle gerarchie ecclesiastiche». Tuttavia è convinta che i legittimi dubbi – sorti, il più delle volte, dalla prospettiva con cui si vedono le cose a distanza di tempo – riguardo alla via che fu seguita allora, non invalidino comportamenti come quello di Bergoglio. Né tantomeno lascino spazio ad accuse infondate. Per questo Alicia Oliveira definisce «operazione di spionaggio spazzatura» l'invio per posta elettronica, ai cardinali che si accingevano a eleggere il successore di Giovanni Paolo II, dell'articolo in cui si denunciava la sua presunta complicità con la dittatura. Soprattutto perché – assicura Oliveira – il giornalista che ne era l'autore «ne aveva scritto un altro, anni prima, nel quale diceva cose ben diverse, nel quale diceva la verità».

Tuttavia ammette di essersi sentita sollevata nell'apprendere che Bergoglio non era stato eletto papa. «La verità è che se lo avessero eletto avrei provato una sensazione di abbandono, perché per me lui è come un fratello, senza contare che noi argentini abbiamo molto bisogno di lui» conclude.

Capitolo quindici

Ragioni per avere fiducia nel futuro

Il Novecento cominciò in un clima di ottimismo. Chi mai avrebbe potuto immaginare le due guerre mondiali? O il genocidio armeno? O l'Olocausto del popolo ebraico? O la crudeltà stalinista su vasta scala? Gli evidenti progressi politici, sociali, scientifici e tecnologici non bastarono a salvare dalla povertà vasti strati della popolazione mondiale e a consentire che libertà e giustizia sociale diventassero beni a disposizione di tutti. In realtà, il divario tra ricchi e poveri si approfondì. L'uomo fu protagonista di grandi conquiste, ma anche di terribili calamità. Le religioni si trovarono ad affrontare le sfide della modernità, le minacce dei fondamentalismi e molteplici attacchi, talvolta molto virulenti. L'Argentina, che un tempo era tra i primi Paesi del mondo, ha finito col rimanere indietro. Come si prospetta questo nuovo secolo?

Nell'ultimo incontro non volevamo costringere il nostro interlocutore al ruolo dell'indovino. Ma desideravamo sapere se vi sono, a suo parere, solide ragioni di speranza, e quali sono le sue principali aspettative e le sue maggiori preoccupazioni riguardo al futuro. È tra coloro i quali pensano che il passato fosse comunque migliore e che il mondo stia andando di male in peggio? O tra quelli che credono in un'umanità che, con tutti i suoi pregi e i suoi difetti, avanza irreversibilmente? Ci avviamo verso tempi più religiosi, o la trascendenza è destinata a perdere terreno? Quale dovrà essere il ruolo della Chiesa cattolica nella costruzione di una società migliore? È un'utopia pensare alla riunificazione del cristianesimo? Quale futuro attende l'Argentina?

Una cosa alla volta. Per me la speranza sta nella persona umana, in quello che ha nel cuore. Io credo nell'uomo. Non dico che è buono o cattivo, dico che credo in lui, nella dignità e nella grandezza della persona. La vita ci pone continuamente delle questioni morali, e noi mettiamo o non mettiamo in pratica i nostri princìpi, perché a volte ci lasciamo travolgere dalle circostanze e soccombiamo alle nostre debolezze. Nel Novecento ci sono state molte cose fantastiche e altre spaventose. Ora, stiamo meglio o peggio di prima? Se uno osserva la storia, si accorge che ci sono sempre stati degli alti e dei bassi. Si dice, per esempio, che i cinesi sono come un turacciolo: in certe circostanze affondando, ma poi tornano a galla. Riemergono sempre. Credo che questo sia valido, in generale, per la natura umana, per tutte le persone e tutte le società.

Diciamo che non è facile credere nell'uomo visto quanto è accaduto nell'ultimo secolo.

In realtà, la storia ci appare come un disastro, un disastro morale, un caos. Quando si pensa agli imperi innalzati a prezzo del sangue di tanta gente, di popoli interi sottomessi; quando si pensa a genocidi come quello armeno, quello ucraino e quello del popolo ebraico che voi menzionate... Se guardiamo alla storia recente e anche a quella un po' meno recente, viene da strapparsi i capelli. Oggi, a messa, abbiamo letto quel passo della Genesi in cui si ricorda che Dio si pentì di avere creato l'uomo per tutto il male che aveva commesso.* Ecco, questa è una chiave di interpretazione della storia. Certo che chi lo ha scritto non stava narrando un fatto storico, ma esponendo un'interpretazione teologica della malvagità umana. Allora, che cosa ci sta dicendo la Parola di Dio? Che ci sono momenti della storia in cui la dignità dell'uomo è calpestata. Tuttavia, poi, riappare.

Lei crede davvero che il suo argomento possa suonare convincente per tutti coloro che oggi sono spaventati, non solo dalle molte cose che sono accadute, ma da quelle che tuttora stanno accadendo?
Non c'è da spaventarsi per le calamità. Mi viene in mente il personaggio comico di Catita interpretato da Niní Marshall. Qualcuno le raccontava una disgrazia, e lei immancabilmente rispondeva: « Non me ne parli, signora ». Uno può sempre dire: « Non me ne parli, signora ». C'è sempre un'esperienza peggiore. Qual è la differenza tra i casi odierni dei bambini rapiti e uccisi per il commercio degli organi e i sacrifici di fanciulli praticati anticamente da altre culture? La vena della malvagità c'è sempre stata, la possibilità dell'uomo di trasformarsi in mostro. Certo, quello che viviamo oggi ci fa più male. Nonostante tutto, la storia continua ad andare avanti. L'uomo continua ad avere comportamenti altruisti, a scrivere cose molto belle, a fare poesia, a dipingere, a inventare nuove tecniche e a far avanzare la scienza. E siccome io credo nel futuro dal punto di vista umano, ci credo ancora di più dalla

* Genesi, 6, 5 : 7. (*Ndt*)

prospettiva cristiana, a partire dalla presenza di Cristo in mezzo a noi.

Quindi lei è di quelli che credono che la civiltà stia facendo progressi?
Per rispondere, dirò innanzitutto che vi sono due tipi di « inciviltà ». Una è data dal caos preesistente sul quale la scienza (e tutto il resto) agisce, ordina e trasforma, dando luogo al progresso culturale, scientifico, industriale... Tuttavia l'uomo ha la facoltà di creare un altro caos, una seconda forma di « inciviltà », se le sue invenzioni gli sfuggono di mano e finisce per lasciarsene dominare, se le scoperte scientifiche prendono il sopravvento e perde il suo ruolo di signore del creato per diventare schiavo delle proprie invenzioni. Quando, per esempio, comincia a sperimentare con i geni, con le clonazioni e finisce, forse, per dare realtà al mito di Frankenstein. O quando fa un uso bellico dell'energia atomica. O quando si entusiasma per leggi antiumane credendole progressiste. Questa seconda forma di incultura, come io la chiamo, è quella che determina le catastrofi e che, in definitiva, porta l'umanità, in un certo senso, a dover ricominciare da capo.

Il fatto è, come la Chiesa da tempo avverte, che la scienza avanza rapidamente e i princìpi etici paiono indebolirsi.
È vero. Per questo è così importante il dialogo etico, ma di un'etica animata dalla bontà. Confesso che ho il terrore degli intellettuali senza talento e dei moralisti senza bontà. L'etica è una pianta che cresce dalla bontà umana. Affonda le radici nella capacità di essere buoni di cui dispongono le persone o le società. Altrimenti si tramuta in moralismo, in un'etica delle apparenze e, in definitiva,

nella grande ipocrisia della doppia vita. La persona che si traveste da persona etica, in fondo, non ha bontà. È un discorso, questo, che si può estendere alle relazioni internazionali. Pensiamo per esempio all'Aids, che sta decimando intere popolazioni dell'Africa. Gli abitanti di una parte di quel continente sono condannati allo sterminio in mezzo a una certa inazione, tanto da legittimare il sospetto che sia interesse di alcuni convertire quella zona unicamente nel grande polmone dell'umanità.

La preoccupa il calo della natalità nel primo mondo e l'aumento del numero di persone sole?
Certo che mi preoccupa. È una forma di suicidio sociale. Nel 2022, in Italia, le casse dello Stato non avranno introiti sufficienti per pagare le pensioni a tutti. Alla fine del 2007 la Francia ha festeggiato il raggiungimento della media di due figli per ogni donna in età fertile. Ma l'Italia e la Spagna ne hanno meno di uno per donna. Questo significa che vi saranno spazi fisici e realtà sociali che saranno sostituiti; che emergeranno altre culture e, forse, una nuova civiltà. L'invasione dei barbari del 400 d.C., probabilmente, sarà rimpiazzata da un'altra modalità, ma i territori che alcuni abbandonano verranno occupati da altri. Attraverso le migrazioni, l'Europa andrà soggetta a mutamenti nella sua cultura. Anche se, in realtà, non lo si può ritenere un fenomeno nuovo. Non dimentichiamo che le grandi comunità cristiane che vissero per secoli in Nordafrica oggi non esistono più.

A proposito, lei come immagina il futuro della Chiesa cattolica? Il nuovo secolo sarà religioso?
La Chiesa deve accompagnare lo sviluppo dei popoli: esistenziale, morale, umano, con tutto il suo nuovo po-

tenziale. Deve farlo crescere in umanità, perché l'uomo è il destinatario della Rivelazione di Dio, immagine di Dio. Noi, in quanto cristiani, non possiamo abiurare questa concezione, né negoziarla. In sostanza io credo che il nuovo secolo sarà religioso. Ora, bisognerà vedere in che modo. La religiosità, lo ripeto, a volte è accompagnata da una sorta di teismo vago che mescola la psicologia con la parapsicologia, non sempre in nome di un vero e profondo incontro personale con Dio, che invece è ciò cui noi cristiani tendiamo.

Lei ritiene che si faranno passi avanti nella riunificazione delle confessioni cristiane?
Io comincio con l'essere felice dei passi che sono stati fatti e ancora si stanno facendo grazie al movimento ecumenico. Tra cattolici ed evangelici ci sentiamo più vicini, convivendo nella differenza. Siamo alla ricerca di una diversità riconciliata. Per rispondere direttamente alla domanda: non ritengo che, per ora, si possa pensare a un'uniformità, o all'unità piena, ma certo si può pensare a una diversità riconciliata, il che implica un cammino da fare insieme, pregando, lavorando insieme, e cercando insieme l'incontro nella verità.

E come immagina il futuro dell'Argentina?
La società ha grandi riserve morali, culturali... Per fortuna il nostro popolo quanto più è semplice, tanto più è solidale. È vero che talvolta avvengono fatti inquietanti come, tempo fa, l'incendio in una baraccopoli di Buenos Aires, frutto di una lotta tra poveri che finisce per erodere queste riserve di solidarietà, eppure la solidarietà è una ricchezza che non abbiamo ancora perduto. La sfida da vincere è riuscire a stare all'erta e mantenerla. Quando i politici co-

minciano a cercare soluzioni mediante dei patti, sbagliano se questi patti non sono fondati sul solido terreno di ricchezza morale del nostro popolo. Altrimenti costituiscono un mero contratto che chiunque può infrangere quando gli pare. È vero che il popolo è vessato, immerso in una situazione che ha dell'anarchico, ma siamo sempre in tempo per fare delle buone cose per la patria, dal momento che, insisto, contiamo su queste riserve.

Perché usa il termine «patria»?
Mi piace parlare di patria, non di Paese né di Nazione. Il Paese è, in fondo, un mero dato geografico, e la nazione è un fatto legale, costituzionale. Invece la patria è ciò che ci conferisce un'identità. Di una persona che ama il luogo dove vive non si dice che è un «paesista» o un nazionalista, ma che è un patriota. *Patria* viene da *padre*; ed è la patria, come ho già detto, a ricevere la tradizione dei padri, a portarla avanti, a farla progredire. La patria è l'eredità dei padri nel presente, che spetta a noi far crescere. Per questo sbagliano sia quelli che parlano di una patria slegata dall'eredità sia quelli che vorrebbero ridurla all'eredità e non le permettono di crescere.

In sintesi, lei ha una visione moderatamente ottimistica del futuro del Paese e del mondo...
È quello che sento. Posso sbagliarmi. Noi non lo vedremo, lo vedranno i nostri figli. Come in quella storiella dei due preti che stanno parlando di un nuovo concilio vaticano e uno dei due chiede all'altro: «E sopprimeranno il celibato obbligatorio?». Quello risponde: «Sembrerebbe di sì». E il primo conclude: «Comunque, noi non lo vedremo; lo vedranno i nostri figli». Scherzi a parte, è utile non confondere l'ottimismo con la speranza. L'otti-

mismo è un atteggiamento psicologico di fronte alla vita. La speranza va più lontano. È l'àncora che uno lancia verso il futuro, quella che gli permette di tirare la fune per raggiungere ciò a cui anela. È lo sforzo applicato nella giusta direzione. E poi, la speranza è teologale: di mezzo c'è Dio. Per questo credo che la vita debba trionfare.

Appendice

Una riflessione a partire dal *Martín Fierro**

Nel messaggio rivolto alle comunità educative della città di Buenos Aires in occasione della Pasqua del 2002, monsignor Jorge Bergoglio sviluppò una serie di riflessioni sull'Argentina a partire dal poema *Martín Fierro*, che gli autori hanno deciso di inserire qui di seguito, ritenendo che esprima con singolare spirito e acume la sua visione riguardo ai compiti della nazione.

Martín Fierro, poema «nazionale»

1. L'«identità nazionale» in un mondo globalizzato

È curioso. Solo a vedere il titolo del libro, ancora prima di aprirlo, trovo stimolanti motivi di riflessione riguardo al nucleo della nostra identità in quanto nazione. *El gaucho Martín Fierro* (questo il titolo con cui fu pubblicato il primo libro del poema, in seguito conosciuto come *La ida*, «La partenza»). Che cos'ha a che vedere il *gaucho* con noi? Se vivessimo nella Pampa, e badassimo al bestiame, o stessimo almeno in un paesino di campagna,

* Le traduzioni dei versi sono a cura di Maria Nicola. (*Ndr*)

a contatto con la terra, ci sarebbe facile comprenderlo... Nelle nostre grandi città, certo, a Buenos Aires, molti ricorderanno i cavalli della giostra o i recinti della Feria de Mataderos come quanto di più vicino all'esperienza equestre abbiano conosciuto in vita loro. C'è bisogno di far notare che l'86% degli argentini vive nelle grandi città? Per la maggior parte dei nostri giovani e dei nostri bambini, il mondo del *Martín Fierro* è più alieno degli scenari mistico-futuristi dei fumetti giapponesi.

Questo dipende, naturalmente, dal fenomeno della globalizzazione. Da Bangkok a San Paolo del Brasile, da Buenos Aires a Los Angeles o Sydney, i ragazzi ascoltano la stessa musica, i bambini vedono gli stessi cartoni animati, le famiglie si vestono, mangiano e si divertono servendosi nelle stesse catene. La produzione e il commercio circolano attraverso frontiere nazionali sempre più permeabili. Concetti, religioni e stili di vita di altri Paesi ci appaiono più vicini attraverso i mezzi di comunicazione e il turismo.

Eppure questa globalizzazione è una realtà ambigua. Molti fattori paiono indurci a sopprimere le barriere culturali che impedivano il riconoscimento della comune dignità degli esseri umani, e ad accettare la diversità di condizioni, razze, sesso o cultura. Mai come oggi l'umanità ha avuto la possibilità di costituire una comunità mondiale multiforme e solidale. Per contro, l'indifferenza regnante nei confronti dei crescenti squilibri sociali, l'imposizione unilaterale di valori e abitudini da parte di alcune culture, la crisi ecologica e l'esclusione di milioni di esseri umani dai benefici dello sviluppo, pongono serie domande riguardo a una simile mondializzazione. Il costituirsi di una famiglia umana solidale e fraterna continua a essere, in tale contesto, un'utopia.

Una vera crescita nella coscienza dell'umanità non può fondarsi che sulla pratica del dialogo e dell'amore. Dialogo e amore che presuppongono il riconoscimento dell'altro in quanto altro, l'accettazione della diversità. Solo su questo si può fondare il valore di una comunità: non pretendendo che l'altro si subordini ai miei criteri e alle mie priorità, non «assorbendo» l'altro, ma riconoscendo il valore di quello che l'altro è, e accogliendo con gioia questa diversità che arricchisce tutti noi. Il contrario è mero narcisismo, imperialismo, pura stoltezza.

Questo però va letto anche nella direzione opposta: come posso dialogare, come posso amare, come posso costruire qualcosa di comune se lascio che si diluisca, si perda, scompaia, quello che sarebbe stato il mio apporto? La globalizzazione come imposizione unidirezionale e uniformante di valori, pratiche e merci si accompagna all'integrazione intesa come imitazione e subordinazione culturale, intellettuale e spirituale. Allora, né profeti dell'isolamento, eremiti localisti in un mondo globale, né decerebrati e mimetici passeggeri del furgone di coda, seduti ad ammirare i fuochi artificiali del mondo (degli altri) con la bocca spalancata e l'applauso programmato. I popoli, integrandosi nel dialogo globale, vi contribuiscono con i valori della loro cultura, che hanno il dovere di difendere da ogni assorbimento totale o «sintesi di laboratorio» tale da annullarli in ciò che è «comune», «globale». E – nell'apportare i loro valori – ricevono in cambio da altri popoli, con lo stesso rispetto e la stessa dignità, le culture che appartengono a quelli.

E non stiamo parlando qui di un eclettismo sconsiderato, perché altrimenti i valori di un popolo finiscono per essere sradicati dal fertile terreno che li ha fatti nascere e li tiene in vita, per mescolarsi alla rinfusa in un mondo dove «tutto è uguale, e a chi importa... tanto si sa dove ci ritroveremo tutti».

2. La nazione come continuità di una storia comune

Possiamo aprire proficuamente il nostro «poema nazionale» solo se ci rendiamo conto che quanto vi si narra ha a che fare direttamente con noi, qui e ora, e non perché siamo dei *gauchos* o ce ne andiamo in giro con il poncho, ma perché il dramma che Hernández ci racconta si colloca nella storia reale, che con il suo percorso ci ha portati fin qui. Gli uomini e le donne riflessi nel tempo del racconto vissero in questa terra, e le loro decisioni, le loro produzioni e i loro ideali plasmarono la realtà della quale oggi noi facciamo parte, quella che ci tocca direttamente. E proprio questa «produttività», questi «effetti», questa capacità di situarsi nella dinamica reale della storia è ciò che fa del *Martín Fierro* un «poema nazionale». Non la chitarra, la scorreria degli indios, la *payada*.*

E qui è necessario un appello alla coscienza. Noi argentini abbiamo la pericolosa tendenza a pensare che tutto cominci oggi, a dimenticare che niente nasce da una zucca, né cade dal cielo come un meteorite. Questo già di per sé è un problema: se non impariamo a riconoscere come nostri gli errori e i successi del passato, che hanno dato origine agli aspetti positivi e negativi del presente, saremo condannati a un'eterna ripetizione – che non è mai eterna, in realtà, in quanto la corda si può tirare fino a

* La *payada* è un tipo di canzone improvvisata a duo propria della regione del Rio de la Plata. (*Ndt*)

un certo limite... Ma c'è di più: se tagliamo i nostri legami con il passato, lo faremo anche con il futuro. Guardiamoci intorno... e anche dentro di noi. Non vi è stata forse una negazione del futuro, un'assoluta mancanza di responsabilità nei confronti delle generazioni a venire, nella leggerezza con cui sono state trattate le istituzioni, i beni e persino le persone del nostro Paese?

La verità è questa: siamo persone storiche. Viviamo nel tempo e nello spazio. Ogni generazione ha bisogno di quelle precedenti e deve dare qualcosa a quelle che seguono. Questo, in larga misura, è essere una nazione: vedersi come continuatori dell'impegno di altri uomini e donne che hanno dato quello che potevano, e come costruttori di un ambito comune, di una casa, per quelli che verranno dopo.

Noi, ormai diventati cittadini «globali», possiamo trovare nella lettura del *Martín Fierro* qualcosa che ci aiuti ad «atterrare», a delimitare questa «globalità», ripercorrendo le vicende della gente che ha costruito la nostra nazione, appropriandoci del nostro percorso in quanto popolo.

3. Essere un popolo presuppone, innanzitutto, un atteggiamento etico, che nasce dalla libertà

Di fronte alla crisi, si rende di nuovo necessario rispondere a una domanda di fondo: su che cosa si fonda quello che si chiama «vincolo sociale»? Quello che, come siamo soliti dire, corre seriamente il rischio di perdersi che cos'è, in definitiva? Che cos'è quella cosa che mi «vincola», mi «lega» ad altre persone in un luogo determinato, al punto da condividere il loro stesso destino?

Permettetemi di anticiparvi la risposta: si tratta di una

questione etica. Il fondamento del rapporto tra l'ambito morale e quello sociale risiede proprio in quello spazio (così difficile da definire) nel quale l'uomo è uomo nella società, animale politico, come direbbero Aristotele e tutta la tradizione repubblicana classica. Ed è questa natura sociale dell'uomo a fondare la possibilità di un contratto tra individui liberi, come propone la tradizione democratica liberale (tradizioni tante volte opposte, come dimostrano i numerosi conflitti occorsi nella nostra storia). Allora, porre la crisi come problema morale presuppone la necessità di tornare a riferirsi ai valori umani, universali, che Dio ha seminato nel cuore dell'uomo, e che vanno maturando con la crescita personale e comunitaria. Quando noi vescovi ripetiamo, di continuo, che la crisi è fondamentalmente morale, non lo facciamo per nasconderci dietro un moralismo da quattro soldi, riducendo tutto ciò che è politico, sociale ed economico a una questione di coscienza individuale. Questo sarebbe ipocrisia.

Non stiamo «tirando acqua al nostro mulino» (visto che la coscienza e la morale sono campi su cui la Chiesa ha più propriamente competenza), stiamo tentando di evidenziare i valori collettivi che si sono espressi in atteggiamenti, azioni e processi di ordine storico-politico e sociale.

Le libere azioni degli esseri umani, oltre ad avere un peso per quanto riguarda la responsabilità individuale, hanno conseguenze a lungo termine: generano strutture che rimangono nel tempo, diffondono un clima nel quale determinati valori possono occupare una posizione centrale nella vita pubblica o rimanere emarginati dalla cultura vigente. E anche questo ricade nell'ambito morale. Perciò dobbiamo ritrovare quel modo particolare di convivere, di essere una comunità, che ci siamo dati nel corso della nostra storia.

Da questo punto di vista, riprendiamo in mano il poema. Come ogni racconto popolare, il *Martín Fierro* comincia con una descrizione del «paradiso originario».

Dipinge una realtà idilliaca, nella quale il *gaucho* vive secondo il ritmo pacato della natura, circondato dai suoi affetti, lavorando con gioia e destrezza, divertendosi con i suoi pari, integrato in un mondo semplice e umano. Che cosa vuole dirci questo scenario?

In primo luogo, l'autore non è mosso da una specie di nostalgia per un «Eden *gauchesco* perduto». L'espediente letterario di dipingere una situazione ideale al principio di una narrazione non è che una presentazione dell'ideale stesso. Il valore cui intende dare forma non sta dietro, alle «origini», ma avanti, nel progetto. Alle origini vi è la dignità del figlio di Dio, la vocazione, la chiamata a dare forma a un progetto.

È un «porre la fine al principio (idea, del resto, profondamente biblica e cristiana). La direzione che conferiremo alla nostra convivenza avrà a che vedere con il tipo di società che vogliamo formare: con il suo telostipo.* Lì sta la chiave del carattere di un popolo. Questo non significa ignorare gli elementi biologici, psicologici e psicosociali che influiscono sulle nostre decisioni. Non possiamo fare a meno di portarci dietro (nel senso negativo dei limiti, dei condizionamenti, delle zavorre, ma anche nel senso positivo del portare con noi, dell'avere dentro, dell'annettere a noi) l'eredità ricevuta, i comportamenti, le preferenze, i valori che si sono andati costituendo nel

* Dal greco *télos*, fine, scopo. (*Ndr*)

corso del tempo. Ma una prospettiva cristiana (e questo è uno dei contributi del cristianesimo all'umanità nel suo insieme) sa dare valore sia a «ciò che è dato», ciò che già è nell'uomo e non può essere altrimenti, sia a ciò che scaturisce dalla sua libertà, dalla sua apertura al nuovo; in definitiva, dal suo spirito in quanto dimensione trascendente, sempre secondo le potenzialità di «ciò che è dato».

Orbene: i condizionamenti della società e la forma che hanno assunto, così come le scoperte e le creazioni dello spirito finalizzate a un sempre maggiore ampliamento dell'orizzonte umano, insieme alla legge naturale insita nella nostra coscienza, entrano in gioco e si realizzano concretamente nel tempo e nello spazio: in una comunità concreta, fatta di persone che condividono una terra, che si pongono obiettivi comuni, che costruiscono un loro modo di essere umane, di coltivare i molteplici vincoli che le uniscono attraverso tante esperienze condivise, preferenze, decisioni e avvenimenti. Così si plasma un'etica comune e l'apertura verso un destino di pienezza che definisce l'uomo in quanto essere spirituale.

Questa etica comune, questa «dimensione morale» è ciò che permette a una moltitudine di svilupparsi nel suo insieme, senza che gli uni diventino nemici degli altri. Pensiamo a un pellegrinaggio: partire da un luogo e dirigersi verso una meta comune permette alla colonna di rimanere tale, al di là del diverso ritmo o passo di ciascun gruppo o individuo.

Sintetizziamo, allora, quest'idea. Che cosa fa sì che molte persone formino un popolo? In primo luogo, vi è una legge naturale, e poi un'eredità. In secondo luogo, un fattore psicologico: l'uomo si fa uomo (il singolo individuo o la specie nel suo evolversi) nella comunicazione, nella relazione, nell'amore che lo lega ai suoi simili. Nella parola e nell'amore. E, in terzo luogo, questi fattori biologici e psicologico-evolutivi si attuano, si mettono davvero in gioco, nel libero agire, nella volontà di legarci gli uni agli altri in un certo modo, di costruire la nostra vita con i nostri simili entro un ventaglio di preferenze e pratiche condivise (sant'Agostino definiva il popolo come «un insieme di esseri razionali associato dalla concorde comunione delle cose che ama»).*

L'elemento «naturale» cresce facendosi «culturale», «etico»; l'istinto gregario acquista forma umana nella libera scelta di diventare un «noi». Scelta che, come ogni azione umana, tende a farsi abitudine (nel senso migliore dell'*habitus*), a generare un sentimento radicato e a produrre istituzioni storiche, al punto che ciascuno di noi viene al mondo in seno a una comunità già costituita (la famiglia, la «patria») senza che questo neghi la libertà responsabile della persona. E tutto ciò trova il suo saldo fondamento nei valori che Dio ha impresso nella nostra natura umana; nell'alito divino che ci anima da dentro e che ci rende figli di Dio. Questa legge naturale che ci è stata regalata ed è stata impressa in noi affinché «si consolidi attraverso le età, si sviluppi negli anni e cresca con il passare del tempo».** Questa legge naturale, che – nel corso della storia e della vita – è destinata a consolidarsi, svilupparsi e crescere, è ciò che ci salva dal cosiddetto relativismo dei valori consensuali. I valori non sono soggetti a consenso: semplicemente, sono.

Nel gioco accomodante del «cercare il consenso sui

* Agostino D'Ippona, *De Civitate Dei*, 19, 24. (*Ndt*)

** Vincenzo di Lerino, *Commonitorium adversus haereses*, cap. XXIII. (*Ndr*) valori» si corre sempre il rischio, che è un risultato già scontato, di «livellare verso il basso». E allora non si costruisce più su un fondo solido, ma si entra nella violenza della degradazione. Qualcuno ha detto che la nostra civiltà, oltre a essere una civiltà dello scarto, è una civiltà «biodegradabile».

Per tornare al nostro poema, il *Martín Fierro* non è la Bibbia, certo. Però è un testo nel quale, per motivi diversi, noi argentini ci riconosciamo, un appiglio per raccontarci qualcosa della nostra storia e sognare il nostro futuro:

> *Yo he conocido esta tierra*
> *en que el paisano vivía*
> *y su ranchito tenía*
> *y sus hijos y mujer.*
> *Era una delicia ver*
> *cómo pasaba sus días.*

> Io ho conosciuto la terra / su cui il *gaucho* viveva / e la sua casetta aveva / e i suoi figlioli e la moglie. / Era una delizia vedere / come passava i suoi giorni.

Questa è, dunque, la «situazione iniziale», nella quale si scatena il dramma. Il *Martín Fierro* è, in primo luogo, un poema inclusivo. Tutto verrà poi mandato all'aria da una specie di ruota del destino, incarnato da varie figure, tra le quali vi sono il Giudice, il Sindaco, il Colonnello. Sospettiamo che questo non sia un conflitto meramente letterario. Che cosa c'è dietro il testo?

Martín Fierro, poema «inclusivo»

1. Un Paese moderno, ma per tutti

Prima ancora che un «poema epico» in astratto, il *Martín Fierro* è un'opera di denuncia, con un'intenzione chiara: opporsi alla politica ufficiale e proporre l'inserimento del *gaucho* all'interno del Paese che si stava costruendo.

Es el pobre en su orfandá
de la fortuna el desecho
porque naides toma a pecho
el defender a su raza.
Debe el gaucho tener casa,
Escuela, Iglesia y derechos.

È il povero nella sua orfanità / della fortuna il reietto / perché nessuno si prende a cuore / la difesa della sua razza. / Deve il *gaucho* avere casa, / Scuola, Chiesa e diritti.

E così *Martín Fierro* prese vita al di là delle intenzioni dell'autore, trasformandosi nel paradigma del perseguitato da un sistema ingiusto che lo esclude. Nei versi del poema si fece carne una certa saggezza popolare diffusa, tanto che per bocca di Fierro parla non solo la necessità di migliorare le condizioni di vita di una mano d'opera sottopagata, ma la dignità stessa dell'uomo sulla propria terra, capace di prendere in mano il proprio destino attraverso il lavoro, l'amore, la festa e la fraternità.

Di qui in poi, possiamo cominciare ad approfondire la nostra riflessione. Ci interessa sapere su che cosa fondare la speranza, a partire da che cosa possiamo ricostruire i vincoli sociali che si sono visti così maltrattati negli ultimi tempi. La «casseruolata»* è stata come un'esplosione autodifensiva, spontanea e popolare (sebbene il suo forzato ripetersi nel tempo finisca per spegnere le note del suo contenuto originario).

Sappiamo che non è bastato battere sulle casseruole: oggi la cosa più urgente è avere di che riempirle. Dobbiamo recuperare, in modo organizzato e creativo, il protagonismo al quale non avremmo mai dovuto rinunciare; non possiamo più mettere la testa sotto la sabbia e lasciare che i governanti facciano e disfino a loro piacimento. Non lo possiamo fare per due motivi: perché abbiamo già visto che cosa succede quando il potere politico ed economico si svincola dalla gente, e perché la ricostruzione non è compito di pochi ma di tutti, e l'Argentina non è solo la classe dirigente, ma tutti coloro che vivono in questa porzione del pianeta, tutti e ciascuno.

E allora? Trovo significativo il contesto storico del *Martín Fierro*: una società in formazione, un progetto che esclude un vasto settore della popolazione, condannandolo all'orfanità e alla scomparsa, e una proposta di inclusione. Non ci troviamo oggi in una situazione simile? Non abbiamo patito le conseguenze di un modello di Paese organizzato intorno a determinati interessi economici, fatto in modo da escludere la maggioranza e generare povertà ed emarginazione, ma tollerante con ogni tipo di corruzione, purché non fossero toccati gli interessi di un potere concentrato in poche mani? Non abbiamo fatto parte di questo sistema perverso, accettandone in parte i princìpi, purché non ne risentissero le nostre ta-

* Forma di manifestazione pacifica, rumorosa, in cui le persone protestano percuotendo pentole, tegami, coperchi eccetera. (*Ndr*)

sche, chiudendo gli occhi a coloro che via via restavano fuori e cadevano sotto il rullo compressore dell'ingiustizia, finché questa, alla fine, non ci ha espulsi tutti?

Oggi dobbiamo articolare, certo, un programma economico e sociale, ma anche, e fondamentalmente, un progetto politico nel suo senso più ampio.

Che tipo di società vogliamo? Il *Martín Fierro* orienta il nostro sguardo, la nostra vocazione come popolo, come nazione. Ci invita a dare forma al nostro desiderio di una società dove tutti abbiano un posto: il commerciante di Buenos Aires come il *gaucho* del litorale, il pastore del Nord come l'artigiano del Nord-Est, l'indigeno come l'immigrato, purché nessuno di loro voglia appropriarsi della totalità scacciando l'altro dalla terra.

2. Deve il *gaucho* avere Scuola...

Per decenni la scuola fu un importante mezzo di integrazione sociale e nazionale. Il figlio del *gaucho*, l'immigrato povero che arrivava in città dall'interno, e perfino lo straniero, che sbarcava per la prima volta su questa terra, trovavano nell'istruzione di base gli elementi che permettevano loro di trascendere la particolarità delle loro origini per cercarsi un posto nella costruzione comune di un progetto.

Anche oggi, nell'arricchente pluralità di proposte educative, è su questo che dobbiamo tornare a scommettere: all'istruzione, tutto.

Negli ultimi anni, e sulla scorta di un'idea di Paese che non si preoccupava più di includere tutti e che, addirittura, si dimostrava incapace di proiettarsi verso il futuro, l'istruzione ha visto decadere il suo prestigio, indebolirsi gli appoggi e le risorse di cui disponeva, e sfumare il suo ruolo nel cuore della società. La formula « scuola-centro commerciale»,* tristemente nota nel nostro Paese, non mira solo a stigmatizzare certe iniziative cui ci è toccato assistere. Mette in questione l'idea secondo la quale la società sarebbe Mercato e nient'altro che Mercato. In una simile ottica, la scuola finisce sullo stesso piano di qualunque altra iniziativa a scopo di lucro. E dobbiamo ricordare, quante volte sia necessario, che non era questa l'idea a partire dalla quale si è sviluppato il nostro sistema educativo, il quale con errori ma anche con successo ha contribuito a formare una comunità nazionale.

A questo riguardo, noi cristiani abbiamo dato un contributo innegabile nel corso dei secoli. Non è mia intenzione addentrarmi ora in polemiche e distinguo che risultano sempre molto faticosi. Semplicemente desidero richiamare l'attenzione di tutti, e degli educatori cattolici in particolare, sull'importantissimo compito cui dobbiamo attendere.

Disprezzato, svalutato e persino attaccato da molti, l'impegno quotidiano di tutti coloro che tengono in funzione le scuole, affrontando difficoltà d'ogni genere, con stipendi miserrimi e dando molto più di quanto ricevono, rimane uno dei migliori esempi di ciò su cui ancora una volta dobbiamo puntare: l'impegno personale nel progetto di un Paese per tutti. Progetto che, da educativo, religioso o sociale, si fa politico nel senso più alto del termine, in quanto è costruzione della comunità.

Questo progetto politico di inclusione non è compito esclusivo del partito al governo, e neppure della classe dirigente nel suo complesso, ma di ciascuno di noi. Il

* Si riferisce soprattutto alla vicenda di una scuola nel centro di Buenos Aires i cui locali al piano terreno, nel 1991, vennero adibiti a centro commercaile riducendo gli spazi per gli studenti. (*Ndt*)

«tempo nuovo» nasce dalla vita concreta e quotidiana di ciascuno dei componenti della nazione, in ogni decisone presa nei confronti del prossimo e delle proprie responsabilità, nel piccolo come nel grande, tanto più in seno alle famiglie e alla nostra vita quotidiana scolastica o lavorativa.

Mas Dios ha de permitir
que esto llegue a mejorar
pero se ha de recordar
para hacer bien el trabajo
que el fuego pa calentar
debe ir siempre por abajo.

Ma Dio deve permettere / al mondo di migliorare / però deve ricordare / per fare bene il lavoro / che il fuoco per riscaldare / sempre in basso deve andare.

Tuttavia questo punto merita una riflessione più completa.

Martín Fierro, compendio di etica civica

Certo, neppure a Hernández sfuggiva che i *gauchos* «veri», quelli in carne e ossa, non si sarebbero comportati come «lord inglesi» nella «nuova società da fondare».

Provenienti da un'altra cultura, abituati a decenni di resistenza e di lotta, estranei a un mondo che si stava costruendo secondo parametri molto diversi da quelli entro cui erano vissuti, anch'essi avrebbero avuto un importante sforzo da affrontare per integrarsi, una volta che fossero state aperte loro le porte.

1. Le risorse della cultura popolare

La seconda parte del nostro « poema nazionale » voleva essere una sorta di « manuale di virtù civiche » per il *gaucho*, un « codice » grazie al quale egli avrebbe potuto integrarsi nella nuova organizzazione nazionale.

Y en lo que explica mi lengua
todos deben tener fe.
Ansí, pues, entiéndanme,
con codicias no me mancho.
No se ha de llover el rancho
en donde este libro esté.

E in quel che spiega la mia lingua / tutti devono aver fede. / Così, dunque, capite, / di avidità non mi macchio. / Non pioverà nella casa / dove questo libro sarà.

Il *Martín Fierro* è pieno di elementi che lo stesso Hernández aveva assorbito dalla cultura popolare, elementi che, insieme alla rivendicazione di alcuni diritti concreti e immediati, gli valsero la vasta adesione che presto ricevette. Anzi: col tempo, generazioni e generazioni di argentini rilessero il *Fierro*... e lo riscrissero, sovrapponendo alle sue parole le molte esperienze di lotta, le aspettative, le ricerche, le sofferenze... Il *Martín Fierro* è cresciuto fino a rappresentare il Paese deciso, fraterno, amante della giustizia, indomabile. Per questo ha qualcosa da dirci ancora oggi. Ed è per questo che quei « consigli » per « addomesticare » il *gaucho* trascesero di molto il significato con cui furono scritti e costituiscono ancora uno specchio di virtù civiche non astratte, ma profondamente incarnate nella nostra storia. A queste virtù, a questi valori, rivolgeremo ora la nostra attenzione.

2. I consigli di Martín Fierro

Vi invito a rileggere ancora una volta il poema. Fatelo, non con interesse puramente letterario, ma lasciandovi andare al sapere del nostro popolo, che ha preso forma in questo poema singolare. Al di là delle parole, al di là della storia raccontata, vedrete che quel che continua a pulsare in noi mentre lo leggiamo è una sorta di emozione, un desiderio di vincere qualunque ingiustizia o menzogna e di andare avanti a costruire una storia di solidarietà e fraternità, in una terra comune dove tutti possiamo crescere in quanto esseri umani. Una comunità nella quale la libertà non sia un pretesto per venir meno alla giustizia, dove la legge non obblighi solo il povero, dove tutti abbiano un posto. Spero che sentiate quello che sento io: che non è un libro che parla del passato, no, è un libro che parla del futuro che possiamo costruire. Non voglio dilungarmi in questo messaggio – già molto esteso – sviluppando i valori che Hernández mette in bocca a Martín Fierro e agli altri personaggi del poema. Semplicemente vi invito a soffermarvi su di essi, con la riflessione e, perché no, la discussione e il dialogo all'interno di ciascuna delle nostre comunità educative. Qui, presenterò soltanto alcune delle tante idee che possiamo ritenere ancora valide.

2.1. Prudenza o «furbizia»: operare tenendo a mente la verità e il bene... oppure per convenienza

Nace el hombre con la astucia
que ha de servirle de guía.
Sin ella sucumbiría,
pero sigún mi experiencia

se vuelve en unos prudencia
y en los otros picardía.

Hay hombres que de su cencia
tienen la cabeza llena;
hay sabios de todas menas,
mas digo sin ser muy ducho,
es mejor que aprender mucho
el aprender cosas buenas.

Nasce l'uomo con l'astuzia / che deve servirgli da guida. / Senza, soccomberebbe, / ma secondo la mia esperienza / diventa in alcuni prudenza / e in altri furbizia.

Ci sono uomini che di scienza / hanno la testa piena; / sapienti ce n'è d'ogni tipo, / ma senza esser dotto, vi dico, / è meglio che imparare tutto / imparare cose buone.

Un punto di partenza. «Prudenza» o «furbizia» come modi di organizzare i propri doni e l'esperienza acquisita. Un agire adeguato, conforme alla verità e al bene possibili qui e ora, o la ben nota manipolazione di informazioni, situazioni e interazioni a partire dal proprio interesse.

Mero accumulo di scienza (utilizzabile per qualunque finalità) o vera sapienza, che comprende il «sapere» nel suo duplice senso, di conoscere e di assaporare, e che si fa guidare tanto dalla verità quanto dal bene. «Tutto mi è permesso, ma non tutto giova» direbbe san Paolo. Perché? Perché, oltre alle mie necessità, gusti e preferenze, ci sono anche quelli dell'altro. E ciò che soddisfa uno solo finisce per distruggere l'uno e l'altro.

2.2. La gerarchia dei valori e l'etica del successo o del «vincitore»

Ni el miedo ni la codicia
es bueno que a uno lo asalten.
Ansí no se sobresalten
por los bienes que perezcan.
Al rico nunca le ofrezcan
y al pobre jamás le falten.

Né paura né avidità / è bene che ci assalgano. / Così non spaventatevi / per i beni che periscono. / Al ricco non regalateli / e al povero non fatene mai mancare.

Lungi dall'invitarci al disprezzo dei beni materiali in quanto tali, la saggezza popolare, che si esprime in queste parole, considera i beni deperibili come un mezzo, uno strumento per la realizzazione della persona su un piano più alto. Per questo prescrive di non offrirne in regalo al ricco (comportamento interessato e servile, come invece consiglierebbe la «furbizia» del Vecchio Vizcacha) e non lesinarne al povero (che invece ha bisogno di noi e, come dice il Vangelo, non ha di che pagarci). La società umana non può essere una giungla dove ognuno è libero di arraffare quello che riesce, costi quello che costi. E ormai sappiamo bene, fin troppo dolorosamente, che non esiste alcun meccanismo «automatico» in grado di assicurare l'equità e la giustizia. Solo una scelta etica trasformata in pratiche concrete, con mezzi efficaci, può impedire che l'uomo sia predatore dell'uomo. Però questo equivale a postulare un ordine di valori che si ponga al di sopra del lucro personale e, pertanto, un tipo di beni superiore a quelli materiali. E non stiamo parlando di questioni che esigano una credenza religiosa determinata per essere comprese: ci riferiamo a princìpi come la dignità della persona umana, la solidarietà, l'amore.

> «Voi mi chiamate Maestro e Signore e dite bene, perché lo sono. Se dunque io, il Signore e il Maestro, ho lavato i vostri piedi, anche voi dovete lavarvi i piedi l'uno all'altro. Vi ho dato infatti l'esempio, perché come ho fatto io, facciate anche voi». (Giovanni 13, 13-15).

Una comunità che la smetta di inginocchiarsi davanti alla ricchezza, al successo, al prestigio, e che sappia, invece, lavare i piedi agli umili, a coloro che hanno bisogno, sarà più in linea con questo insegnamento di quanto non lo sia l'etica del «vincitore» (a qualunque prezzo), che ci siamo appiccicati addosso in tempi recenti.

2.3. Il lavoro e il genere di persona che vogliamo essere

> *El trabajar es la ley*
> *porque es preciso alquirir.*
> *No se espongan a sufrir*
> *una triste situación.*
> *Sangra mucho el corazón*
> *del que tiene que pedir.*

> Il lavoro è la legge / perché è necessario pagare. / Non esponetevi a patire / una triste situazione. / Sanguina molto il cuore / di chi deve mendicare.

C'è bisogno di commenti? La storia ha marchiato a fuoco nel nostro popolo il senso della dignità del lavoro e del lavoratore. Esiste forse qualcosa di più umiliante che la condanna a non potersi guadagnare il pane? C'è un modo peggiore di decretare l'inutilità e l'inesistenza di un essere umano? Può una società, che accetta una così grande iniquità facendosi scudo di astratte considerazioni tecniche, costituire un cammino per la realizzazione dell'essere umano?

Tuttavia questo riconoscimento, che tutti proclamiamo, non arriva a farsi carne. Non solo per le condizioni oggettive che determinano la terribile disoccupazione attuale (condizioni che, questo non va mai taciuto, hanno origine in un modo di organizzare la convivenza che pone il guadagno al di sopra della giustizia e del diritto), ma anche per via di una mentalità di «furbizia» (argentina anche questa!) che è giunta a far parte della nostra cultura. «Salvare la pelle» e «cavarsela»... nel modo più facile e diretto. «I soldi portano soldi»... «mai nessuno si è fatto ricco lavorando»... Idee che hanno alimentato una cultura della corruzione la quale ha a che vedere, ovviamente, con le «scorciatoie» attraverso cui molti hanno tentato di sottrarsi alla legge che impone di guadagnarsi il pane con il sudore della fronte.

2.4. L'urgente servizio ai più deboli

La cigüeña cuando es vieja
pierde la vista, y procuran
cuidarla en su edá madura
todas sus hijas pequeñas.
Apriendan de las cigüeñas
este ejemplo de ternura.

La cicogna quando è vecchia / perde la vista, e si affannano / a curarla nell'età matura / tutte le sue figlie piccole. / Imparate dalle cicogne / questo esempio di tenerezza.

Nell'etica dei «vincitori», ciò che è ritenuto inservibile si butta. È la civiltà dello «scarto». Nell'etica di una vera comunità umana, in questo Paese che vorremmo avere e che possiamo costruire, ogni essere umano è prezioso, e gli anziani lo sono ancora di più, e per molte ragioni: per il dovere di rispetto filiale già presente nel Decalogo biblico; per l'indubbio diritto a riposare in seno alla comunità che ciascuno si è costruito vivendo, soffrendo e offrendo quello che ha da dare; per il contributo che soltanto l'anziano può dare ancora alla società, giacché, come dice lo stesso Martín Fierro: «*es de la boca del viejo / de ande salen las verdades*» («è dalla bocca del vecchio / che escono le verità»).

Non aspettiamo dunque che venga ricostituito il sistema di *welfare* attualmente distrutto dalla depredazione; nel frattempo, vi sono innumerevoli gesti e azioni di servizio agli anziani che sarebbero alla nostra portata se ci mettessimo un pizzico di creatività e di buona volontà. Allo stesso modo, non possiamo trascurare le possibilità concrete che abbiamo di fare qualcosa per i bambini, per i malati, per tutti quelli che soffrono a causa dei più svariati motivi. La convinzione che vi siano questioni «strutturali» che riguardano la società nel suo insieme e lo Stato in particolare non ci esime dal dare il nostro contributo personale, per piccolo che sia.

2.5. Mai più il furto, la bustarella e i «fatti propri».

Ave de pico encorvado
le tiene al robo afición.

pero el hombre de razón
no roba jamás un cobre,
pues no es vergüenza ser pobre
y es vergüenza ser ladrón.

Uccello dal becco adunco / al furto è affezionato, / ma l'uomo con giudizio / non ruba mai un soldo, / non è vergogna esser poveri / ed è vergogna esser ladri.

Forse, nel nostro Paese, è stato uno degli insegnamenti più dimenticati. Ma al di là di questo, al di là del non permettere né giustificare mai né il furto né la corruzione, dovremmo fare passi più decisi e positivi. Domandarci, per esempio, non solo quali cose altrui non dobbiamo prendere, ma quali cose, invece, noi possiamo dare. Come potremmo formulare che «sono vergogna» anche l'indifferenza, l'individualismo, il sottrarre (rubare) il proprio contributo alla società per seguire unicamente la logica dell'«io mi faccio gli affari miei»?

Ma quegli, volendo giustificarsi, disse a Gesù: «E chi è il mio prossimo?». Gesù riprese: «Un uomo scendeva da Gerusalemme a Gerico e incappò nei briganti che lo spogliarono, lo percossero e poi se ne andarono, lasciandolo mezzo morto. Per caso, un sacerdote scendeva per quella medesima strada e quando lo vide passò oltre dall'altra parte. Anche un levita, giunto in quel luogo, lo vide e passò oltre. Invece un Samaritano, che era in viaggio, passandogli accanto lo vide e n'ebbe compassione. Gli si fece vicino, gli fasciò le ferite, versandovi olio e vino; poi, caricatolo sopra il suo giumento, lo portò a una locanda e si prese cura di lui. Il giorno seguente, estrasse due denari e li diede all'albergatore, dicendo: Abbi cura di lui, e ciò che spenderai in più te lo rifonderò al mio ritorno. Chi di questi tre ti sembra sia stato il prossimo di colui che è incappato nei briganti?». Quegli rispose: «Chi ha avuto compassione di lui». Gesù gli disse: «Va' e anche tu fa' lo stesso». (Luca 10, 29-37).

2.6. Parole vane, parole vere

Procuren, si son cantores,
el cantar con sentimiento.
No tiemplen el estrumento
por solo el gusto de hablar
y acostúmbrense a cantar
en cosas de jundamento.

Badate, se siete cantori, / a cantare con sentimento. / Non accordate lo strumento / per il solo gusto di parlare / e abituatevi a cantare / cose con fondamento.

Comunicazione, iper-comunicazione, incomunicabilità. Quante parole sono «di troppo» fra noi? Quante chiacchiere, quanta diffamazione, quanta calunnia? Quanta superficialità, quanta banalità, quanta perdita di tempo? Un dono meraviglioso, come lo è la capacità di comunicare idee e sentimenti, di cui non sappiamo fare tesoro né approfittare in tutta la sua ricchezza.

Non potremmo proporci di evitare ogni «canto» che sia solo «per il gusto di parlare»? Potremmo stare più attenti a ciò che di superfluo diciamo, in particolare noi che abbiamo la missione di insegnare, parlare, comunicare?

Conclusione: parola e amicizia

Citiamo, infine, quella strofa nella quale più abbiamo visto espresso il comandamento d'amore, in circostanze difficili per il nostro Paese. Quella strofa che è diventata una massima, un programma, una parola d'ordine, ma che dobbiamo continuare a ricordare:

Los hermanos sean unidos,
porque esa es la ley primera.
Tengan unión verdadera
en cualquier tiempo que sea,
porque si entre ellos pelean
los devoran los de ajuera.

I fratelli siano uniti, / perché questa è la legge prima. / Abbiano unione vera / in qualunque tempo, / perché se tra loro combattono / li divorano quelli di fuori.

Siamo in un momento cruciale per la nostra patria. Cruciale e fondante; e, per ciò stesso, pieno di speranza. La speranza è lontana tanto dal semplicismo quanto dalla pusillanimità. Esige che diamo il meglio di noi stessi nell'impegno di ricostruire ciò che abbiamo in comune, ciò che fa di noi un popolo.

Queste riflessioni hanno inteso unicamente risvegliare un desiderio: quello di mettersi all'opera, animosi e illuminati dalla nostra stessa storia, quello di non lasciar cadere il sogno di una patria di fratelli che ha guidato tanti uomini e tante donne della nostra terra.

Che cosa diranno di noi le generazioni future? Saremo

all'altezza delle sfide che ci attendono? Perché no?, è la risposta.

Senza retorica, senza messianismi, senza certezze impossibili, si tratta di tornare a immergerci a fondo e con coraggio nei nostri ideali, quelli che ci hanno guidati nel corso della nostra storia, e cominciare, fin da subito, a mettere in atto nuove possibilità, nuovi valori, nuovi comportamenti.

Come sintesi, mi torna in mente l'ultimo verso che citerò del *Martín Fierro*, un verso che Hernández mette in bocca al figlio maggiore del *gaucho* nella sua amara riflessione sul carcere:

Pues que de todos los bienes,
en mi inorancia lo infiero,
que le dio al hombre altanero
Su Divina Magestá,
la palabra es el primero,
el segundo es la amistá.

Perché di tutti i beni, / nella mia ignoranza lo intuisco, / che diede all'uomo orgoglioso / la Sua Divina Maestà, / la prima è la parola, / la seconda è l'amicizia.

La parola ci mette in comunicazione e ci vincola l'uno all'altro, permettendoci di condividere idee e sentimenti, purché parliamo a partire dalla verità, sempre, senza eccezioni. L'amicizia, anche l'amicizia sociale, con il suo « braccio destro », la giustizia, costituisce il più grande tesoro, quel bene che non si può sacrificare per null'altro al mondo, quello che bisogna preservare al di sopra di tutte le cose.

Parola e amicizia. « E il Verbo si fece carne e venne ad abitare in mezzo a noi » (Giovanni 1, 14). Non mise su casa a parte; si fece amico nostro. «Nessuno ha un amore più grande di questo: dare la vita per i propri amici. Voi siete miei amici, se farete ciò che io vi comando. Non vi chiamo più servi, perché il servo non sa quello che fa il suo padrone; ma vi ho chiamato amici, perché tutto ciò che ho udito dal Padre l'ho fatto conoscere a voi». (Giovanni 15, 13-15). Se cominciamo, fin da subito, a dare il giusto valore a questi due beni, la storia del nostro Paese può essere un'altra.

Concludiamo mettendo questi due desideri nelle mani del Signore con la preghiera alla patria che ci hanno donato i vescovi argentini:

Gesù Cristo, Signore della storia, abbiamo bisogno di te.
Ci sentiamo feriti e oppressi.
Ci occorre il tuo sollievo e la tua forza.
Vogliamo essere una nazione,
una nazione, la cui identità sia la passione per la verità
e l'impegno per il bene comune.
Dacci il coraggio della libertà dei figli di Dio,
per amare tutti, senza escludere nessuno,
privilegiando i poveri e perdonando coloro che ci offendono,
aborrendo l'odio e costruendo la pace.

Concedici la saggezza del dialogo e la
gioia della speranza che non delude.
Tu ci convochi. Noi siamo qui, Signore,
vicini a Maria,
che, da Luján, ci dice:*

* La Vergine di Luján è patrona dell'Argentina. Vi sorge una basilica in ricordo del ritrovamento di una statuetta miracolosa. (*Ndt*)

Argentina! Canta e cammina!
Gesù Cristo, Signore della storia, abbiamo bisogno di te.
Amen.

Buenos Aires, Pasqua del 2002

Indice

Fotocomposizione Editype s.r.l.
Agrate Brianza (Milano)

Finito di stampare
nel mese di marzo 2014
per conto della Adriano Salani Editore s.u.r.l.
da Grafica Veneta S.p.A. di Trebaseleghe (PD)
Printed in Italy